MEDIUNIDADE: A CURA DA FERIDA DA FRAGILIDADE
Copyright © 2022 by Editora Dufaux
1ª edição | Março/2022 | do 1º a 2º milheiro

DADOS INTERNACIONAIS DE CATALOGAÇÃO PÚBLICA

DUFAUX, ERMANCE (ESPÍRITO)
MEDIUNIDADE: a cura da ferida da fragilidade
Ermance Dufaux (Espírito): psicografado por Wanderley Oliveira.
DUFAUX: Belo Horizonte, MG, 2022.

224 p. | 16 x 23 cm

ISBN 978-65-87210-24-7

1. Espiritismo 2. Psicografia

I. Oliveira, Wanderley II. Título

CDU 133.9

Impresso no Brasil   Printed in Brazil   Presita en Brazilo

Editora Dufaux
R. Contria, 759 | Bairro Alto Barroca,
Belo Horizonte/MG - Brasil
CEP 30431-028
Tel.:(31) 3347-1531
comercial@editoradufaux.com.br
WWW.EDITORADUFAUX.COM.BR

 Conforme novo acordo ortográfico da língua portuguesa ratificado em 2008.

OS DIREITOS AUTORAIS DESTA OBRA FORAM CEDIDOS PELO MÉDIUM WANDERLEY OLIVEIRA À SOCIEDADE ESPÍRITA ERMANCE DUFAUX (SEED). É PROIBIDA A SUA REPRODUÇÃO PARCIAL OU TOTAL ATRAVÉS DE QUALQUER FORMA, MEIO OU PROCESSO ELETRÔNICO, DIGITAL, FOTOCÓPIA, MICROFILME, INTERNET, CD-ROM, DVD, DENTRE OUTROS, SEM PRÉVIA E EXPRESSA AUTORIZAÇÃO DA EDITORA, NOS TERMOS DA LEI 9 610/98 QUE REGULAMENTA OS DIREITOS DE AUTOR E CONEXOS.

WANDERLEY OLIVEIRA
pelo Espírito ERMANCE DUFAUX

Mediunidade

a cura da ferida
da fragilidade

Série
Autoconhecimento

BELO HORIZONTE / 2022

Apresentação | 12

Explicação | 18
Sobre o conteúdo desta obra

Prefácio | 24
A ferida evolutiva da fragilidade

Introdução | 30
A Luz da vida – Calderaro

Capítulo 01 | 40
Hipocrisia, enfermidade na arquitetura mental

Capítulo 02 | 46
A superação da depressão e da falta de sentido para viver

Capítulo 03 | 50
Percepção mediúnica da carência afetiva

Capítulo 04 | 56

Mediunidade e tristeza

Capítulo 05 | 60

O orgulho ferido

Capítulo 06 | 66

Depressão e parasitas

Capítulo 07 | 72

O astral do planeta e as obsessões intermitentes

Capítulo 08 | 78

Quietude mental

Capítulo 09 | 82

Pressão espiritual e obsessão

Capítulo 10 | 88

Grupos parceiros e acolhedores

Capítulo 11 | 94

O animismo a serviço do bem

Capítulo 12 | 98

Os perfeccionistas e melindrosos

Capítulo 13 | 104

A sombra da descrença sob a luz do enfrentamento

Capítulo 14 | 110

Médiuns esponjas e a importância da autorresponsabilidade

Capítulo 15 | 116

Mediunidade e egoísmo, a origem da bipolaridade

Capítulo 16 | 122

A digital astral de um grupo mediúnico

Capítulo 17 | 126

Amargura, a lepra da alma

Capítulo 18 | 130

Leveza interior, a proteção dos médiuns

Capítulo 19 | 136

Obsessões entre encarnados e o desalinhamento do corpo mental inferior

Capítulo 20 | 142

Todos somos chamados para a santificação

Capítulo 21 | 148

Os médiuns são aprendizes, e não seres iluminados e redimidos

Capítulo 22 | 154

O ponto de partida da reforma íntima

Capítulo 23 | 160

Médiuns saneadores e a campanha pela ecologia astral da Terra

Capítulo 24 | 166

A função educativa da vaidade

Capítulo 25 | 172

Magia, relacionamentos e aura coletiva de grupos

Capítulo 26 | 178

Um alerta aos obreiros no mundo físico

Capítulo 27 | 182

O exercício mediúnico é transmissor de caracteres psíquicos

Capítulo 28 | 188

Realidade paralela, a nova tática das trevas para aumentar o suicídio

Capítulo 29 | 196

Campos consumidores da energia etérica

Capítulo 30 | 202

Mediunidade e cura mental

Capítulo 31 | 206

O fermento da falsidade na vida emocional

Capítulo 32 | 216

O caminho para a brandura e a serenidade

Apresentação

A mediunidade é uma percepção individual das variadas vibrações que povoam o universo e contribui, de maneira significativa, com a caminhada evolutiva da criatura. No seu aspecto evolutivo, quintencencia-se[1] com a evolução do ser. Por concessão, a mediunidade oferece ao viajor que tem grandes débitos conscienciais a oportunidade benfazeja de se libertar de processos limitantes de maneira mais rápida.

A mediunidade é uma Graça Divina oferecida ao ser como possibilidade de redenção e ascensão a planos maiores da existência. Quando essa concessão é bem aproveitada, ela concede ao seu destinatário as condições de exonerar, em profundidade, os miasmas cristalizados no corpo mental.

O médium, agraciado com a possibilidade de exercer a atividade mediúnica, recebe em seu cosmo orgânico e energético os recursos para que o processo se desenvolva de maneira benéfica e de acordo com seu posicionamento diante da vida. Contudo, o médium sentirá, em seu psiquismo, muitas vezes já afetado pelo seu temperamento em desequilíbrio, que manifesta as repercussões vibratórias quase sempre responsáveis pelos seus conflitos existenciais.

Os atos comprometedores do passado causam reflexos no presente, tendo como raiz as posturas do passado. A vida, na sua sabedoria, devolve-nos sempre o que

---

1. Quintencência: O que há de melhor, de mais apurado, importante ou excelente; grau mais elevado ou melhor de alguma coisa; essencial.

plantamos, buscando as correções e a educação do infrator, focalizando as ações das leis cósmicas de maneira pedagógica, uma vez que já estão inscritas na consciência de cada ser.

O psiquismo do médium torna-se um campo fértil de conflitos existenciais, sentimentos de inferioridade, menos valia, predisposição a melindres e outros agravantes que lhe causam grandes sofrimentos. Isso porque, além de ter que se haver com suas dificuldades pessoais, o médium ainda sofre o assédio de mentes encarnadas e desencarnadas que também são portadoras de conflitos como os seus e que estão em busca de socorro.

Todas as vezes que um médium se coloca em atividades mediúnicas redentoras, em interação com outra mente em desalinho, possibilita que, por seu intermédio, o alivio chegue aos semelhantes; ele drena do seu mundo mental suas próprias energias destoantes, encrustadas no seu psiquismo pelo proceder equivocado de outrora. Então, o exercício da mediunidade promove uma higienização do seu campo mental, que se alivia quando ele aliviar o sofrimento alheio, pois já é de conhecimento geral que é dando que se recebe.

Para exercer bem as suas atividades mediúnicas, o médium necessita do autoconhecimento para não atribuir aos outros as suas dificuldades, mas também do espirito de boa vontade no trabalho da seara mediúnica.

As obras de Ermance Dufaux versam muito bem sobre estes fatores acima expostos. Ermance consegue dar uma clareza meridiana no que, muitas vezes, torna-se pouco perceptível para nós sem sua didática objetiva e esclarecedora. Conviveu com o Codificador da nossa doutrina e deve ter observado a sua alta percepção do gênero humano. É uma benfeitora que nos remete ao retrato de nos mesmos, mas com profundo acolhimento das nossas dores.

Jaider Rodrigues de Paulo
Belo Horizonte, primavera de 2021

Explicação

Sobre o conteúdo desta obra

Nossa querida Ermance vem escrevendo, com frequência, sobre as feridas evolutivas da humanidade:

1. A ferida do autoabandono;
2. A ferida da fragilidade;
3. A ferida da inferioridade.

A identificação dessas feridas são fundamentos da medicina espiritual que explicam todas as dores e doenças em nosso planeta. Quaisquer quadros de enfermidade e de sofrimento estão conectados a uma dessas três chagas.

No seu livro *Amorosidade, a cura da ferida do abandono*[2], a amiga espiritual estudou a ferida do autoabandono, abordando doenças emocionais.

No presente volume, Ermance escreve sobre a fragilidade e aborda mais amplamente algumas doenças psíquicas, escolhendo os médiuns como enfoque mais específico, embora o livro também seja uma jornada profunda de autoconhecimento para qualquer um de nós.

A fragilidade, que também pode ser chamada de falibilidade, tem seu fio condutor na ideia de que ainda não possuímos uma identidade psicológica sólida, o que ocorre em função dos desvios sucessivos de condutas em várias vidas anteriores.

Ainda não sabemos essencialmente quem somos, o que queremos e, muito menos, o que fazer para dar direção coerente à nossa existência. Essa falta de autoconhecimento gera o vazio existencial expressado por grande parte dos que se encontram aqui na Terra e, mais dolorosamente, pela expressiva maioria dos médiuns.

---

2. Editora Dufaux.

Seguindo o gráfico orientado por Ermance Dufaux, temos quatro principais expressões dessa lesão do espírito:

1. Uma dilacerante sensação de <u>inadequação</u>, a impressão de não pertencimento a grupos, famílias e relacionamentos de uma forma geral;
2. Uma forte sensação de <u>falsidade</u>, muito bem descrita quando se diz: "Sinto-me uma <u>fraude</u>, um impostor";
3. Um sentimento perturbador de <u>inutilidade</u> perante a vida, que vem acompanhado por ideias geradoras de incapacidade, verdadeiras algemas da alma;
4. Uma inquietude interna desconcertante e atormentadora, que produz mal-estar e muita instabilidade na vida mental[3].

Essas matrizes da alma são caminhos de adoecimento psíquico e, conforme se observa no gráfico, podem criar as mais diversas condutas e emoções, tais como: suicídio, autocobrança, perfeccionismo, busca por poder, acomodação, desvalor pessoal, desapontamento, contrariedade, frustração, falta de fé em si, exaustão, fragmentação do Corpo Mental Inferior (CMI), entre outras.

---

3. Entendemos que a vida mental é a sede de expressão dos pensamentos e dos sentimentos do espírito, na qual o pensamento é formal e os sentimentos são energéticos. (N.E.)

Em outro gráfico, sob orientação do benfeitor Caldera-ro[4], são feitas considerações sobre emoções e doenças psíquicas muito presentes em função da ferida da fra-gilidade. A fala de Calderaro amplia as observações de Ermance ao mesmo tempo que cruza informações de ambos os gráficos em vários dos trechos desta obra.

Essa explicação tem o intuito de facilitar a leitura sob a perspectiva passada a mim pela autora. Espero que facilite e leve a um melhor proveito dos ensinos tão pre-ciosos da nossa querida Ermance Dufaux.

Wanderley Oliveira
Agosto de 2021

---

4. Calderaro foi o orientador de André Luiz na obra No mundo maior, de autoria espiritual do próprio André Luiz e psicografia de Chico Xavier. O Assistente Calderaro prestava serviço ativo na própria Crosta Terrestre, atendendo, de modo direto, os irmãos encarnados. Especializara-se na ciência do socorro espiritual. (N.E.)

A ferida evolutiva da fragilidade

"Já não sou digno de ser chamado teu filho; faze-me como um dos teus jornaleiros."

Lucas, 15:19

O filho pródigo, depois de receber a sua parte na herança de seu pai e a desperdiçar, reconheceu sua extrema miséria; tornou-se, então, incapaz de se perceber na condição de filho e perdeu o contato com suas qualidades e com as conquistas do seu ser; e, por fim, aceitou ser um operário na casa de seu pai.

É o que sucede a todos nós na rota da evolução. Fomos criados com o potencial da grandeza espiritual interior e, usando de livre escolha, preferimos a ilusão dos prazeres e das vulgaridades transitórias.

Negamos o poder interior para caminhar na direção do poder ilusório das conquistas externas. Com essa atitude, criamos o nosso próprio desfavor e adquirimos profundos vícios morais e dolorosas desordens mentais, que nos impõem quadros emocionais de vulnerabilidade, instabilidade e carência. É a lesão evolutiva da vulnerabilidade.

Dores cruéis atormentam a vida interior como resultado desse atalho evolutivo e ilusório. Todas essas aflições foram baseadas no sentimento de indignidade. A fragilidade é um dos traços mais marcantes dos aprendizes da escola terrena. Uma acentuada desconexão com o patrimônio da fé e do autoamor, os verdadeiros poderes da alma.

E o que mais dói no ser humano é viver em uma sociedade que lhe impõe a obrigação de ser forte o tempo todo, de dar conta de todos os seus desafios como fizeram outros que se saíram bem no desempenho de duras experiências. Essa é uma comparação ingrata, injusta e que não leva em conta as dores íntimas, os limites e as habilidades de cada ser, que são completamente individuais e diferentes. Uma sociedade em que ser frágil é sinônimo de desvalor e incapacidade.

Por efeito dessas exigências sociais, aqueles que não conseguem acompanhar sentem, no coração, que são desconsiderados, experimentam uma dilacerante sensação de não pertencimento, além de um desajuste e de uma inadequação, que são os traços mais claros da ausência do amor-próprio e da dor da alma que se avalia como indigna e inútil.

É para esses corações, que estão em sofrimento expiatório com sua fragilidade, que Deus empresta o poderoso tesouro da mediunidade[5]. Um espelho no qual essas

---

5. No *O livro dos médiuns*, de Allan Kardec, encontramos nos itens 159 e 182, respectivamente, os seguintes esclarecimentos:
   "Toda pessoa que sente, num grau qualquer, a influência dos espíritos é médium. Essa faculdade é própria aos seres humanos, não é privilégio exclusivo de ninguém. Por isso, são raras as pessoas que não possuem alguns rudimentos dela. Pode-se dizer que todos são, mais ou menos, médiuns."
   "Todos que, tanto no estado normal como no de êxtase, recebem comunicações estranhas às suas ideias preconcebidas pelo pensamento, podem ser incluídos na categoria dos médiuns inspirados. Estes, como se vê, formam uma variedade da mediunidade intuitiva, com a diferença de que a intervenção de uma força oculta é aí muito menos percebível, e é por isso que ao inspirado ainda é mais difícil distinguir o pensamento próprio daquele que lhe é sugerido. A espontaneidade é o que, sobretudo, caracteriza o pensamento deste último gênero. A inspiração nos vem dos espíritos que nos influenciam para o bem, ou para o mal, porém, procede, principalmente, dos que querem o nosso bem e cujos conselhos frequentemente cometemos o erro de não seguir. Ela se aplica, em todas as circunstâncias da vida, às resoluções

criaturas poderão se olhar por dentro sem se entregar ao desamor destrutivo.

A mediunidade vai suavizar suas provas íntimas, oferecendo-lhes a oportunidade de reconstrução moral, mental e emocional. O exercício seguro da mediunidade será um caminho rico para recuperarem a sensação de força interior. O médium absorve, naturalmente, a força dos seres iluminados que buscam sua companhia. É um canal para nutrir os seus corações frágeis e cansados com os empréstimos da bondade do Mais Alto.

O trabalho mediúnico responsável dará aos médiuns estados internos ricos de amor, capazes de fazê-los sentir o perdão por todas as exclusões que cometeram ou sofreram ao longo das reencarnações. Os servidores compreenderão nas fibras mais íntimas de sua alma, e pela primeira vez em sua longa jornada evolutiva, um desejo enorme de acolhimento a si mesmos, de respeito às suas imperfeições e aos seus limites, permitindo criar, assim, um laço de amorosidade consigo mesmo. E isso basicamente acontece porque os corações dos espíritos que os amparam

---

que devamos tomar. Sob esse aspecto, pode dizer-se que todos são médiuns, porquanto não há quem não tenha seus espíritos protetores e familiares, que se esforçam para sugerir salutares ideias aos protegidos. Se todos estivessem bem compenetrados dessa verdade, ninguém deixaria de recorrer, com frequência, à inspiração do seu anjo de guarda, nos momentos em que se não sabe o que dizer, ou fazer. Que cada um, pois, invoque-o com fervor e confiança, em caso de necessidade, e muito frequentemente se admirará das ideias que lhe surgem como por encanto, quer se trate de uma resolução a tomar, quer de alguma coisa a fazer." (N.E.)

potencializam seu valor como espírito imortal, dotado de tesouros incríveis a serem resgatados na intimidade.

A sensação de indignidade vai se enfraquecer com o exercício correto das forças mediúnicas[6]. A dor da instabilidade vai se diluir. As aspirações de progresso tomarão conta do coração, e os médiuns avançarão na direção de se curarem de todas as enfermidades espirituais que lhes acarretaram a prova da fragilidade, que cansa e oprime o espírito.

Com raríssimas exceções aqui na Terra, essa é a principal marca moral dos espíritos que recebem a bênção da mediunidade para se redimirem diante da própria consciência.

Reconhecendo seu legítimo valor e sua verdadeira identidade à luz da humildade e do vibrante desejo de ser útil à obra universal de nosso Pai, reassumirão sua condição de filhos e cocriadores; transformarão a sensação de indignidade em libertação e paz, por meio da mediunidade redentora.

Ermance Dufaux
Agosto de 2021

---

6. Por trabalho, nesse perfil englobamos o dos médiuns de sustentação e o dos dialogadores bem como o do passe. (N.E.)

A luz da vida – Calderaro

"Falou-lhes, pois, Jesus outra vez, dizendo: Eu sou a luz do mundo; quem me segue não andará em trevas, mas terá a luz da vida."

João, 8:12

Irmãos do caminho, Jesus seja conosco!

O ego[7] mal direcionado é o ditador da vida mental. Impõe rotinas e dinamiza frequências de intensa atividade que dominam cruelmente as expressões curativas da alma. Em função de sua predominância na estrutura da mente, a vida emocional se organiza com alicerces frágeis, que causam diversas dores ao viajante da evolução.

Muitos reencarnam em condições sofríveis, mas os médiuns, especialmente, renascem com o ego expandido, como um ferimento aberto na alma, que lhes causa emoções muito desconfortáveis, gerando inquietude e instabilidade: a fragilidade.

A soberania do ego enfraquece a autoestima. Quanto mais o ego, menos valor pessoal.

A estrutura de toda a vida emocional desse quadro estabelece o sofrimento-raiz: uma dilacerante sensação de não merecimento, de não ser suficientemente capaz. A vulnerabilidade emocional, que fica submersa no inconsciente, nutre a criatura de conflitos gigantes e dolorosos a respeito de seu valor pessoal; e, sem valor pessoal, a vida fica sem sentido.

---

7. Ao primeiro contato com o Criador, não reconhecemos Sua paternidade divina e nos afastamos Dele. Com isso, sentimo-nos frágeis, inseguros. Nossa defesa contra essa fragilidade foi criar o mecanismo do egoísmo nos posicionamentos mentais derivados dele. O ego tem agido dessa forma para nos proteger da nossa vulnerabilidade e, quando estivermos nos reconectando e reconhecendo a paternidade divina, ele não precisará exercer essa função, conduzindo-nos para sermos Filhos de Deus. (N.E.)

A ausência de sentido para viver é uma das mais tristes dores que o espírito pode sentir enquanto trafega no corpo. É um efeito da falta de amor a si mesmo, da incapacidade de sentir no coração o desejo e a motivação para viver e cuidar de si próprio. Essa é a manifestação mais sombria da nossa vulnerabilidade.

São sete os sentimentos mais pertinentes a essa forma de organizar a vida mental. Embora presentes na conduta de qualquer ser humano reencarnado no planeta, são mais perceptíveis pelos médiuns, causando-lhes maior soma de aflição e instabilidade.

Em um diagrama singelo[8], colocamos a ferida da fragilidade em um círculo central, e dele riscamos sete traços com outros sete círculos em cada extremidade, representando:

1. A tristeza;
2. A culpa;
3. O orgulho;
4. O abandono;
5. A inveja;
6. O medo;
7. A mágoa.

Esse círculo central é a expressão do ego. Nos círculos adjacentes, temos os efeitos emocionais. A fragilidade se divide, portanto, nessas sete principais dores emocionais:

---

8. Vide gráficos no final do texto.

1. A **tristeza**: é a dor em olhar sua realidade pessoal. É o ego que faz você se sentir indigno no mundo. É a fragilidade de não se aceitar.

2. A **culpa**: é a dor de se conectar com velhas memórias arquivadas no inconsciente. É o ego que fixa você na pior parte de seu passado. É a fragilidade de se martirizar com sua conduta.

3. O **orgulho**: é a dor de manter uma autoimagem falsa. É o ego que cria um mundo imaginário, uma falsa versão de si mesmo. É a fragilidade de ocultar sua verdadeira identidade.

4. O **abandono**: é a dor de se sentir distante de si. É o ego que tira o amor-próprio. É a fragilidade de não ter a si mesmo.

5. A **inveja**: é o sentir-se inadequado na existência. É o ego que o aprisiona na insatisfação. É a fragilidade de não sentir seu valor.

6. O **medo**: é a dor do contato com seus limites. É o ego que superdimensiona suas vulnerabilidades. É a fragilidade em ter que reconhecer sua incapacidade.

7. A **mágoa**: é a dor de se frustrar por não ter suas velhas ilusões atendidas. É o ego que se nutre com o velho hábito do domínio. É a fragilidade em não poder controlar.

Ampliando um pouco esse diagrama, fizemos mais sete traços em cada círculo externo e vamos repetir o mesmo desenho, colocando em cada um a provável doença psíquica correspondente a cada uma das dores psíquicas.

A fragilidade fraciona-se também em sete dores psíquicas que poderiam ser enquadradas nos códigos técnicos da psiquiatria humana, especialmente nos quadros de transtorno de personalidade e afetivos, que trazem profundo sofrimento psíquico:

1. **Depressão**: a tristeza persistente é sua matriz;
2. **Codependência**: criada pela culpa; é a lupa que amplia exageradamente as responsabilidades pessoais;
3. **Personalidade narcisista**: o orgulho é a prisão desse transtorno;
4. **Borderline**[9]: o abandono é o caminho solitário para essa disfunção psíquica;
5. Baixa autoestima: a inveja é o inferno interior que constrói suas expressões;
6. **Ansiedade e transtorno de pânico**: o medo é o produtor deles;
7. **Distimia**[10]: a mágoa é o terreno repleto de espinhos da agressividade, e que a favorece.

As dores emocionais e os sofrimentos psíquicos são os traços de uma alma que se perdeu na caminhada evolutiva das reencarnações.

---

9. O transtorno de personalidade borderline é caracterizado por um padrão generalizado de instabilidade e hipersensibilidade nos relacionamentos interpessoais, instabilidade na autoimagem, flutuações extremas de humor e impulsividade. (N.E.)

10 10. Depressão branda, porém de duração longa. Muito presente em pessoas de temperamento sistemático, com dificuldades em relacionamento em geral, mal-humoradas, entre outras características. (N.E.)

Muitas pessoas renascem com a mediunidade na condição de um anestésico para suas lutas interiores e para exonerar energias deletérias coaguladas. Essas serão amenizadas à medida que se dedicam ao trabalho no bem, reduzindo a aflição e a angústia provenientes da fragilidade, uma prova de graves proporções para o espírito.

Aqueles que receberam a bênção da mediunidade, entre outras tantas oportunidades de servir, são os espíritos que sofrem ao se sentirem sem valor pessoal, sem capacidade e sem conquistas nos arquivos profundos da mente. Padecem das enfermidades do desamor a si mesmos.

Sem uma identidade psicológica sólida, andam em trevas na busca da luz. O exercício da mediunidade, sob a orientação do Evangelho do Cristo, é a cura e a libertação diante do altar da consciência. Por isso, Jesus disse:

> *Eu sou a luz do mundo; quem me segue não andará em trevas, mas terá a luz da vida.*

A gratidão pelas palavras esperançosas de Ermance Dufaux nesta obra oportuna nos move. Os servidores da mediunidade são roteiros libertadores em busca da cura, permitindo construir os valores eternos que lhes trarão LUZ DA VIDA, com sossego e plenitude interior.

Calderaro
Agosto de 2021

A RAIZ DA FERIDA DA FRAGILIDADE

- Sentimento de indignidade, desconexão com a fé e com o autoamor

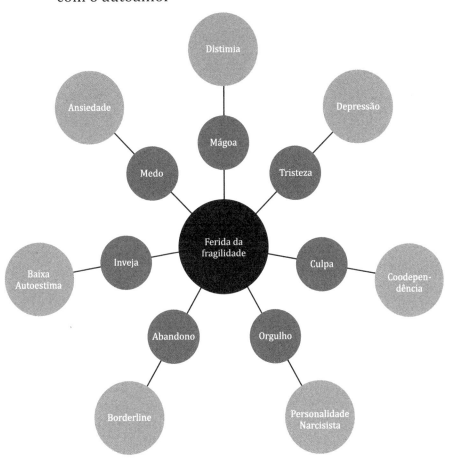

- **Ferida do abandono** – doenças emocionais
- **Ferida da fragilidade** – doenças psíquicas

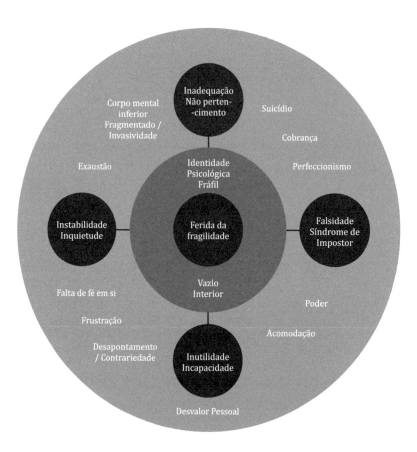

- **A Cura da Ferida da Fragilidade**

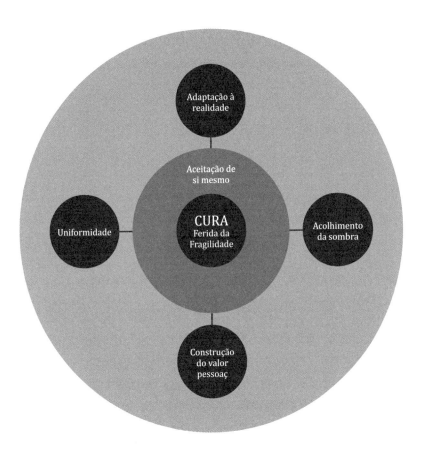

01

> "Hipocrisia, enfermidade na arquitetura mental"

"Ai de vós, escribas e fariseus, hipócritas! Pois que sois semelhantes aos sepulcros caiados, que por fora realmente parecem formosos, mas interiormente estão cheios de ossos de mortos e de toda a imundícia."

Mateus, 23:27

Em sua maioria, os médiuns renasceram com uma arquitetura mental composta por duas características que lhes causam muito sofrimento:

1. Uma identidade psicológica frágil;
2. Um tumulto na vida afetiva.

A identidade psicológica frágil é o resultado de se ter adotado comportamentos usando a mentira, ao longo de várias vidas sucessivas, com o objetivo de alcançar interesses pessoais. Hoje, ao retomar a reencarnação com melhores propósitos, o ser renasce sem saber quem é; não consegue se sentir e não tem clareza sobre sua identidade, sobre seu perfil pessoal.

O tumulto na vida afetiva é o traço de humor alterado pelas atitudes egoístas que marcaram profundamente o solo afetivo da alma, produzindo registros no períspirito, como a incerteza, a insegurança e o vazio interior que retira o sentido da vida.

A identidade psicológica frágil e o tumulto afetivo levam a uma inquietude interna que cria um campo de ansiedade, muita instabilidade e descontrole. Essa estrutura mental traz uma luta interna travada entre o corpo mental inferior (pensamentos) e o corpo astral (emoções), entre o que é pensado e o que é sentido[11].

O ego[12] é o fermento da vida mental. O ego aumenta todas as expressões das imperfeições e dos conflitos interiores, provocando confusão e exaustão energética.

Até que os médiuns organizem e dominem tais traços sombrios da personalidade, suas jornadas são repletas de crises internas com alterações de humor, dores emocionais e muita dificuldade no trato com as pessoas.

Que fique bem claro que não é a mediunidade que provoca tudo isso. São as sombras[13] da alma dos próprios médiuns. A mediunidade não é a causa.

Ao contrário, a mediunidade é uma fôrma que a misericórdia divina empresta para moldar novos caracteres, realizar a conquista de si próprio e desenvolver as qualidades que trarão, com o tempo e a maturidade, a serenidade e o equilíbrio.

---

11 O espírito é que sente e pensa, mas a expressão do pensamento do espírito é manifestada pelo corpo mental inferior e do sentimento, pelo corpo astral.

12 O egocentrismo é um centramento na própria pessoa. O que dirige o ego (telefinalismo) é o Eu superior, a parte sábia, o Eu divino. A partir de certo momento da evolução, o ego assimila a orientação desse Eu divino do que é certo e errado e passa a direcionar, parcialmente, a existência, ainda permanecendo apegado às forças emotivas e evolutivas do passado.

13 **Sombra:** "É a parte da personalidade que é por nós negada ou desconhecida, cujos conteúdos são incompatíveis com a conduta consciente.". – Trecho extraído da obra *Psicologia e espiritualidade*, do escritor espírita e psicólogo Adenáuer Novaes.

Por esses motivos, os médiuns vão estar sempre na fronteira das doenças psíquicas. As suas expressões mediúnicas iniciais vão manifestar todo o conjunto de suas enfermidades espirituais. Terão um desafio dilacerante entre serem honestos com sua produção mediúnica e esse passado de mentiras e falsidades que os atormenta com a descrença na sua mediunidade e em seus próprios valores.

Muitos se sentirão uma fraude, um engano, uma falsidade não intencional. Querem acertar, embora se sintam distantes da verdade e do bem. As vivências anteriores, nas vidas sucessivas, foram tão traumáticas, que eles renascem com uma dolorosa sensação de desmerecimento e de descrença em si mesmos. Esse processo reflete no exercício do intercâmbio mediúnico. Inconscientemente, sentem-se *"semelhantes aos sepulcros caiados, que por fora realmente parecem formosos, mas interiormente estão cheios de ossos de mortos e de toda a imundícia[14]"*.

O ego fermenta todas essas manifestações. Ninguém vai avançar na abençoada seara da mediunidade sem fazer as pazes com esse inimigo interno, o seu Fariseu[15], o seu Escriba[16] interior, que adornam os pensamentos com ideias e imagens irreais a respeito de si próprios.

---

14 Mateus 23:27.

15 Eram obedientes cumpridores das práticas exteriores do culto e das cerimônias; cheios de um zelo ardente de partidarismo, inimigos dos inovadores, afetavam grande severidade de princípios; mas, sob as aparências de rigorosa devoção, ocultavam costumes pervertidos, muito orgulho e, acima de tudo, excessiva ânsia de dominação.

16 Termo aplicado especialmente aos doutores que ensinavam a lei de Moisés e a interpretavam para o povo. Tinham causa comum com os fariseus, de cujos princípios partilhavam, bem como da antipatia que

A mais difícil doença que os médiuns têm que combater em si próprios não é a vaidade, o sexo ou os hábitos alimentares. O maior obstáculo a superar é a falsa realidade criada sobre si. A batalha é contra os impulsos internos da ilusão. Evitar fazer de conta que é aquilo que não é. Não ter que carregar o peso das velhas fantasias que o ego vestia para se adornar de conquistas exteriores, de sentir-se com pés de barro e carregando o tesouro incorruptível da mediunidade.

Muitos desistem por esse motivo, por essa dor de ter que olhar para si mesmo.

Viver na ilusão significa fingir sentimentos, crenças e virtudes que, na realidade, não possui. A palavra hipócrita deriva do latim e do grego[17] e significa a representação no teatro dos atores que usavam máscaras, de acordo com o papel que representavam em uma peça.

Aquele que finge para si conscientemente é alguém que oculta a realidade por meio de uma máscara de aparência, que faz de conta que possui boas qualidades para ocultar os seus defeitos e que, por isso, é também conhecido como uma pessoa que só sustenta uma aparência[18].

---

aqueles votavam aos inovadores. Daí o fato de Jesus envolvê-los na reprovação que lançava aos fariseus.

17 A palavra deriva do latim *hypocrisis* e do grego *hupokrisis* — ambos significando a representação de um ator, atuação, fingimento (no sentido artístico).

18 Há também aqueles que lutam contra as tendências do passado, precisando de tempo e de persistência para vencê-las. A intenção é fator determinante para diferenciar hipocrisia de conquistas a serem realizadas ao longo da jornada, sendo que nem por isso são hipócritas. (N.E.)

Os médiuns carregam o desejo do bem, mas não se sentem nele.

Médiuns que se prezam, nessa batalha contra as artimanhas da falsidade, procuram grupos nos quais consigam tecer elos de confiança que possam corrigi-los com bondade; ou amparam-se em ajuda especializada para que identifiquem com honestidade emocional as suas próprias fragilidades e se comprometam a enfrentá-las à luz da verdade e da humildade.

A lealdade a si mesmos, por meio de um autoconhecimento persistente, e de uma autotransformação com base na vontade firme, irá trazer efeitos maravilhosos ao coração de qualquer servidor da mediunidade.

A falta de sinceridade sobre sua realidade faz parte do aprendizado. Não reconhecê-la é o problema. É necessária muita lealdade à própria consciência. Receber o tesouro da mediunidade sendo *"cheio de ossos de mortos e de toda imundície*[19]*"* é uma prova de graves proporções.

A quietude mental de quem avança nesse aprendizado, aceita com compaixão e bondade a si próprio, traz serenidade, uniformidade[20] emocional e discernimento; qualidades curadoras que representam a autenticidade, isto é, a conexão do médium com sua mais profunda verdade.

---

19 Mateus 23:27

20 A uniformidade se expressa à medida que as crises vão deixando de existir. É bem o que está no ensinamento de Jesus: (+...) *mas aquele que perseverar até ao fim será salvo.* Mateus 10:22 (N.E.)

02

> *A superação da depressão e da falta de sentido para viver*

"E Jesus lhes disse: Eu sou o pão da vida; aquele que vem a mim não terá fome, e quem crê em mim nunca terá sede."

João, 8:35

A fragilidade orientada por escolhas egoístas e delituosas é muito expressiva nas jornadas da ilusão. Se tornou uma programação mental milenar e se expressa pelo fenômeno de se sentir pequeno, inadequado, incapaz, sem qualquer atributo que qualifique a existência. É como não ter sentido para viver; e várias questões envolvem o dia a dia dos que percorrem esse caminho:

- Por que regressei ao corpo físico?
- Qual o propósito de estar na vida material?
- Qual minha missão pessoal perante a existência?

Essas são questões que ficam sem respostas; causam muito angústia e promovem uma aflitiva sensação de falta de valor pessoal.

A tristeza na alma é a repercussão da fragilidade, é a marca psíquica do trajeto infeliz nos caminhos tortuosos da injustiça, da ganância, da crueldade, da sordidez, da maldade em suas amplas expressões.

Carma é um programa mental que a própria alma constrói no tempo, em função de suas atitudes e das vivências emocionais; reclama novas experiências e novos aprendizados. A ausência de sentido na vida é uma prova muito presente. Suicídios, depressões e quadros psíquicos variados são explicáveis pela presença dessa dor.

Roubar de si mesmo a alegria com a vida é o pior resultado que se pode obter aqueles que desconsideram os alertas da consciência e da retidão moral. Não é um castigo imposto ou um corretivo penal. É um resultado que o próprio espírito organiza nas suas estruturas profundas do inconsciente. Uma depressão com complexas expressões de pesares.

A função educativa da reencarnação é devolver ao ser humano o direito e o dever de retomar seu campo de provas. O objetivo é a superação de seus hábitos e a construção de novos valores que o libertem da prisão da angústia por existir e o façam buscar ser feliz.

Sofremos pela falta de nós mesmos e pela saudade de quem fomos criados para ser: afligimo-nos com um buraco que se abre em nosso coração por não conseguirmos entender o sentido da vida, a razão de viver e o destino de todos nós. Quem consegue encontrar metas nesse sentido e se conectar consigo mesmo, acha a resposta para todas as dores existenciais e, por efeito, encontra Deus dentro de si mesmo.

Essa depressão na alma tem cura e depende, principalmente, de condutas perante a vida. A recuperação do encanto com a existência está baseada em pilares de saúde mental:

- A fé em si próprio;

- Um olhar generoso com as próprias imperfeições;
- O contínuo esforço de produzir o bem por meio do trabalho.

Em outras palavras, a estima pessoal, a bondade para consigo mesmo e a ação, que estão expressas nas palavras de Jesus quando Ele diz:

> *Eu sou o pão da vida; aquele que vem a mim não terá fome, e quem crê em mim nunca terá sede[21].*

Aqueles que alcançam o seu melhor lado interno, a sua luz adormecida, que necessita ser despertada e irradiada, não terão fome. A estima pessoal, a bondade para consigo próprio, sacia e renova, inspira e motiva.

Aqueles que desejam a crença sólida e a fé libertadora nunca terão sede, sentirão sempre o alívio, a leveza e a força para agirem diante dos apelos da vida.

O pão da vida é o alimento interior de sossego e paz tão desejados por todos aqueles que vivem uma ciranda interna em suas vidas emocionais. São o remédio para superar velhas dores da alma e encontrar o tesouro do sentido para viver.

---

21 João 6:3

03

> ## Percepção mediúnica
> ## da carência afetiva

"Depois, foram para Jericó. E, saindo ele de Jericó com seus discípulos e uma grande multidão, Bartimeu, o cego, filho de Timeu, estava assentado junto do caminho, mendigando. E, ouvindo que era Jesus de Nazaré, começou a clamar, e a dizer: Jesus, filho de Davi, tem misericórdia de mim. E muitos o repreendiam, para que se calasse; mas ele clamava cada vez mais: Filho de Davi! Tem misericórdia de mim. E Jesus, parando, disse que o chamassem; e chamaram o cego, dizendo-lhe: Tem bom ânimo; levanta-te, que ele te chama. E ele, lançando de si a sua capa, levantou-se, e foi ter com Jesus.

Marcos, 10:46-50

Bartimeu era cego, mas ouviu e implorou. A cegueira desse homem se originava de um estado emocional de carência; de alguém que está no caminho do aperfeiçoamento, embora ainda mendigando; de alguém que não enxerga, mas já ouve.

A condição psicológica da carência cria uma miragem para o olhar. Obstrui a possibilidade de distinguir o amor verdadeiro da obsessiva necessidade de dominar o outro, com o objetivo de continuar preenchendo o próprio coração com o alimento da atenção, do carinho e do reconhecimento alheio.

Carência é falta de si mesmo. Estado interno que impulsiona a querer se completar com outra pessoa. É uma das portas por onde passa a obsessão.

Na sociedade terrena, na qual renasceram bilhões como Bartimeu, a frequência da carência afetiva pode ser claramente medida fora da matéria, por meio de tecnologia no astral. Médiuns com bom autoconhecimento do tema em suas próprias vivências aprenderam a identificar com clareza um halo energético vampirizador dessa energia.

O fato de se tratar de um traço psicológico marcante na sociedade causa a formação de uma aura coletiva. Para nós, fora da matéria, ela tem até sabor, é amarga. É também desarmonizadora dos sentimentos, capaz de atormentar a mente e o coração. Age como uma flecha certeira que consome e vampiriza.

Exatamente pelo olhar é que saem os raios tóxicos da carência, provenientes do chacra laríngeo e cardíaco do emissor: o carente afetivo. São pequenas espirais que rodam no sentido anti-horário[22], em cor marrom com leves tons de laranja, lançadas ao destinatário, que toca o coração do carente que recebe esse olhar. Pequenas doses de matéria densa, que ferem os distraídos com paixão, estimulam a sexualidade e criam climas amorosos e cordões energéticos nada saudáveis.

---

22 Em seu movimento natural os chacras fazem um giro horário de 360 graus, sempre alternado com outro de 360 graus, anti-horário, voltando sempre ao ponto de partida. Quando seus movimentos são alterados, no sentido anti-horário, isso significa que eles dão o primeiro giro no sentido horário, mas, ao invés de dar o anti-horário para voltar ao ponto de partida, eles dão mais um em sentido horário, alterando assim seus giros e funcionamentos. (N.E.)

Existem lares, ambientes sociais, igrejas, centros espíritas, organizações públicas e diversas organizações na vida material que são verdadeiros depósitos desse campo de perturbação e de desalinhamento mental e energético; foram criados e sustentados em função da dor interior de seus habitantes, que se irradia sem interrupção.

Entidades que servem aos grupos sombrios aprenderam a identificar e a explorar tais ambientes. O vampirismo e a obsessão se instalam com facilidade a partir dessa porta que se abre, gerando encontros e desencontros que vão trazer um aprendizado ao preço de muitas lágrimas.

Essa vulnerabilidade da alma corrói o coração com uma profunda instabilidade. Muitos sequer sabem denominar essa dor. A penosa sensação de ser incapaz, de se sentir sem valor pessoal, pulsa na vida mental como se as batidas do coração sofrido latejassem no cérebro com pulsações de sofrimento mental, causando uma tormenta interior quase indefinível e uma tristeza sem precedentes.

É necessário ter coragem para tirar a capa das falsidades e dos enganos; de se levantar internamente com uma posição de vontade firme e ir até Jesus, como fez o cego Bartimeu:

> *E ele, lançando de si a sua capa, levantou-se, e foi ter com Jesus[23].*

---

23 Marcos 10:50

Em sua maioria, os médiuns sentirão a ardência da sede afetiva. Nisso reside uma de suas maiores provas morais e espirituais. Velhos impulsos da alma abusadora retornarão na presente existência para serem reeducados. Terão percepções nítidas a respeito das emissões vindas de corações sofridos e amargurados com a infelicidade na vida amorosa que os buscarão. Carregarão o pesado fardo de terem que renunciar aos apelos sombrios de pessoas atormentadas pela necessidade de serem amadas, reconhecidas e desejadas. Com frequência, confundirão capacidade pessoal com conquista afetiva, repetindo velhos impulsos de domínio da vida alheia para atendimento de fantasias e ilusões.

A firmeza de propósitos nobres é a solução para suas próprias deficiências com o tema. Para preencher essa sensação de insuficiência, terão que buscar o trabalho ativo no bem, em exercício seguro e continuado de sua mediunidade. Isso lhe permitirá consumir uma nutrição de autovalor, preenchedora, pacificadora e motivadora.

O alimento adquirido no exercício da mediunidade iluminada pelo amor é um santo remédio. Uma medicação que preenche e fortalece a fé em si próprio:

Tem bom ânimo; levanta-te, que ele te chama[24].

---

24 Marcos 10:49

04

> Mediunidade
> e tristeza

"Se alguém andar de dia, não tropeça, porque vê a luz deste mundo; mas se andar de noite, tropeça, porque nele não há luz."

João, 11: 9 e 10

A maioria de nós, médiuns, já renascemos tristes. A tristeza quase sempre é um efeito de perdas, da terrível sensação de que algo muito essencial na nossa vida foi destruído.

Reencarnamos com a sensação de que nos perdemos de nós próprios, de que nos desconectamos da imagem milenar divina[25], que traz em si o germe de um ser onipotente e capaz. Esse processo é um efeito interno da lei de causa e efeito, devido a posicionamentos pautados no narcisismo e no esbanjamento de bens divinos ao longo de sucessivas vidas no corpo físico.

Renascer médium é trazer consigo a missão de se desapegar de todas as ilusões que criamos sobre nós próprios e ter que realizar a educativa jornada ao encontro da verdade sobre nós. E isso tudo, muitas vezes, entristece a alma.

A tristeza, porém, é uma dor que nos conduz à internalização, à meditação, uma dor que nos empurra para dentro. Seu valoroso objetivo ou função corretiva

---

25 Gênesis 1:26: E disse Deus: Façamos o homem à nossa imagem, conforme a nossa semelhança; e domine sobre os peixes do mar, e sobre as aves dos céus, e sobre o gado, e sobre toda a terra, e sobre todo o réptil que se move sobre a terra.

é conduzir o indivíduo a olhar para si e a perguntar: "O que está faltando?".

Não se trata somente da falta material do necessário para viver, é mais que isso. É importante avaliar o que falta na alma, o que falta no coração. O que falta para ter equilíbrio e viver de forma mais saudável.

O que nos impede de ser alguém em paz? Ó tristeza, para que você me traz até a mim mesmo?

O profundo objetivo da tristeza é renovar o olhar sobre a vida, o tempo, as pessoas e nós próprios. Adquirir bom senso e compreensão mais amplos sobre a realidade.

Portanto, a permanência ou não da tristeza em nossa vida resulta de aceitarmos ou não a realidade. Quando resistimos e queremos mudar o que não está ao nosso alcance, o que não está do nosso gosto e o que não é de nosso dever, a tristeza permanece na sua ação corretiva.

Na ausência da aceitação, surge a rebeldia, a insatis- fação, a desorientação, o desconforto em ter que lidar com o que não atende à nossa forma limitada e ilusória de ver a vida e a nós mesmos, embasada em desejos e interesses pessoais.

Aceitar o que está fora de nosso alcance é parar de conflitar com aquilo que não podemos mudar. Imagine isso em acontecimentos, relacionamentos, vivências interiores e em quaisquer contextos da vida.

A tristeza surge com o silencioso recado: seu limite é esse aqui. Não vá além e respeite a realidade daquilo que cerca seus amores, sua vida pessoal e os fatos da vida.

Não existe tristeza somente por conta de perdas, mas toda perda causa muita tristeza. Há perdas onde existem ilusões sobre o que achamos que nos pertence ou sobre o que achamos ser nosso papel na existência.

A aceitação é o rompimento com a ilusão. É a consciência de que, nos relacionamentos, há um limite para interferir na vida alheia e de que, na vida material, toda conquista é transitória; restando a única certeza de que sua missão transformadora é com você mesmo.

Aceitação traz paz interior e serenidade emocional. É o ponto de equilíbrio e de proteção para qualquer médium que deseje exercer com proveito sua tarefa mediúnica.

A mediunidade acalma, inspira, conecta com a essência da vida, produzindo alegria, bem-estar e a sustentação no clima da fé.

A mediunidade ilumina os caminhos. Cabe ao médium aceitar os avisos e os chamados para não tropeçar:

> *Se alguém andar de dia, não tropeça, porque vê a luz deste mundo; mas se andar de noite, tropeça, porque nele não há luz*[26].

---

26 João 11:9-10

05

> O orgulho ferido

"Médiuns suscetíveis: variedade dos médiuns orgulhosos, ofendem-se com as críticas feitas às suas comunicações; zangam-se com a menor contradição e, se mostram o que obtêm, é para que seja admirado e não para que se lhes dê um parecer. Geralmente, tomam aversão às pessoas que não os aplaudem sem restrições e fogem das reuniões em que não possam impor-se e dominar.

Deixai que se vão pavonear em algum lugar e procurar ouvidos mais tolerantes, ou que se isolem; nada perdem as reuniões que ficam sem a presença deles."

Erasto
O livro dos médiuns. Capítulo 16, item 196

Existe um capítulo da mágoa muito presente nos relacionamentos: aquela ofensa decorrente da verdade que é difícil de aceitar e de reconhecer a nosso respeito. Nesse caso, o ofensor nem sempre tem intenção de ofender, mas a dor do ofendido é tão intensa quanto se ele fosse lesado intencionalmente.

A mágoa não é o que o outro faz contra você. A mágoa é o que você permite que o outro faça com você. É como você lida com a verdade que dói e que o expõe a novas verdades sobre si mesmo.

Essa permissão é um processo mental sob a gerência do ego. O estado de ofensa, de sentir-se magoado, só ocorre quando o ego é ferido ou ameaçado na autoimagem que sustenta em sua mente.

Ego ferido significa que a autoimagem que alguém faz de si próprio foi abalada, arranhada e exposta a uma nova realidade. Significa a quebra de uma ilusão que temos no conceito de nós mesmos.

A forma de o ego se defender disso é a pior possível. Primeiramente, o magoado entra em um clima de completa não aceitação; mergulha numa discordância insensata e agressiva sobre o que considera uma injustiça. Posteriormente, cria uma novela mental para não ter que lidar com a sua realidade exposta. E, por último, volta-se totalmente contra quem ele considera ofensor, podendo passar o resto da vida na posição da vítima que sofreu uma injusta agressão.

Esse tipo de mágoa é muito comum nas empresas, nos grupos religiosos e até em relacionamentos de amizade e afeto. A nossa dificuldade em reconhecer falhas, equívocos, condutas e imperfeições é algo que ganha uma dimensão exagerada, devido a esse orgulho ferido, esse ego que é mexido.

A humildade é a cura. Ser humilde é respirar fundo e dizer: "preciso olhar para isso", "é difícil, mas quero apoio e orientação para entender o que está me sendo dito", "vou verificar o quanto de verdade sobre mim existe nessa dor".

Humildade não é conduta improvisada a poder da vontade. É estado interior de abertura para conversar, entender, avaliar e discutir a dor da ofensa e curá-la.

Médiuns suscetíveis e melindrosos trazem uma compulsiva necessidade de domínio, é a forma como tentam garantir a bajulação, a lisonja, o reconhecimento e o aplauso:

> *Geralmente, tomam aversão às pessoas que não os aplaudem sem restrições e fogem das reuniões em que não possam impor-se e dominar[27].*

Médiuns são espíritos que renasceram na matéria com uma autoimagem muito exagerada sobre si mesmos. A mediunidade é uma força, que se toma emprestada, de empatia e de sensibilidade que aumenta todas as sensações. Isso pode nos libertar ou fazer que nos sintamos péssimos quando corrigidos e avaliados, deixando-nos instáveis e com o sentimento de não termos valor. Acarreta uma hipersensibilidade para todo tipo de contrariedade àquilo que pensamos de nós mesmos. Por essa razão, criamos escudos psicológicos rígidos para nos proteger. No entanto, essa hipersensibilidade tira o sossego interno, e aprendemos, com o tempo, o quanto custa ser tão reativo ao meio.

O amadurecimento emocional vai se ampliando e percebemos o quanto é melhor ter uma autocrítica sincera e desprovida de falsas defesas. Nesse clima, conseguimos extrair lições valorosas das variadas situações da convivência nos grupos; que enriquece o discernimento entre saber o que devemos ouvir e o que não, a fim de melhor examinarmos o que serve e não serve para

---

27 *O livro dos médiuns.*

a caminhada de crescimento espiritual; e evita os rompimentos e os conflitos desnecessários e desgastantes.

O orgulho ferido é um convite à reeducação da conduta. É seguir a recomendação sábia de Jesus, quando afirma:

> *Assim os últimos serão primeiros, e os primeiros serão últimos*[28].

---

28 Mateus 20:16.

06

> Depressão e parasitas

"Em verdade vos digo: Tudo quanto ligardes na terra será ligado no céu; e tudo quanto desligardes na terra será desligado no céu."

Mateus, 18:18

Os quadros mais graves de depressão apresentam componentes espirituais que merecem muita atenção e cuidados essenciais.

A simbiose entre encarnados e desencarnados com esse grau de enfermidade psíquica é profunda e, somente com um apoio bem orientado e persistente, resultados libertadores podem surgir.

Essas companhias espirituais não são obsessores comuns dentro da conceituação a eles atribuídas, como vingadores de outras vidas ou perseguidores implacáveis. São comensais[29]. Alimentam-se junto aos encarnados das mesmas energias que nutrem os deprimidos. Esses espíritos são doentes fora da matéria e carregam as mesmas necessidades e dores daqueles que se encontram no corpo físico.

Eles não agravam a causa originária da doença dos encarnados. São apenas os que se alimentam dos mesmos

---

29 Os comensais são espíritos obsessores que usufruem de vibrações dos encarnados que estão vulneráveis e em ambientes desfavoráveis. Os comensais se alimentam ao máximo das energias de que se necessita. É atraído por afinidade, quando encontra alguém com o mesmo perfil, pois eram muito apegados aos prazeres materiais quando encarnados. Estão presentes em lares para usufruir das energias dos alimentos, em bordéis, bares, pontos de uso drogas ou qualquer outro local no qual conseguem se alimentar energeticamente.

interesses e padecimentos. Como se fossem balões aprisionados à cabeça do encarnado. Para onde forem os depressivos, os balões vão junto.

Os neurotransmissores do cérebro físico são geradores potentes de alimento, mesmo em condições paupérrimas de desequilíbrio. Uma depressão fora da matéria é infinitamente mais dolorosa e perturbadora. Pelo simples fato de se aproximarem dos encarnados por identificação vibratória, eles se alimentam de algo e se aliviam com as medicações usadas pelo próprio depressivo na matéria.

Os depressivos encarnados, embora estejam em uma condição psicológica enferma, ainda contam com melhores recursos do que aqueles que não têm corpo físico. Um passe tomado pelo doente na matéria já traz bênçãos para os que se encontram no astral.

O quadro vai evoluindo lentamente para uma solução à medida que os doentes-vetores, que estão no corpo material, conduzem o desencarnado à busca de luz espiritual, orientação e novos tipos de nutrição para ambos.

Aquelas entidades não têm, necessariamente, laços do passado ou estão ali para vingar algo. Simplesmente usufruem da realidade em que se encontram alimentando-se dos benefícios ao alcance dos encarnados. Nos dias atuais, em função da proximidade vibratória entre o plano astral e o físico, laços dessa ordem se estabelecem facilmente.

Os comprometimentos desses espíritos os conectam por contextos semelhantes aos dos encarnados, e não por conta de ajustes pessoais de cobrança entre eles. Em comum, apresentam vínculos cármicos com a tristeza, o abatimento, a desvitalização e as condutas morais e emocionais que os adoeceram, como a arrogância, o egoísmo, a rebeldia, a intolerância, a mágoa ou outros vários núcleos comportamentais desequilibrados que desestruturam a vida psíquica humana.

Mesmo em condições penosas, esses doentes-vetores encarnados estão cooperando com quem tem menos do que eles. Estão oferecendo um tratamento de longo curso aos desencarnados, à medida que recuperam a própria estabilidade e sanidade.

Essas são algumas considerações para se ter uma noção da variedade de laços que podem prender os espíritos em planos de vida diferentes. Evidentemente, tal quadro é de se lamentar pela natureza do sofrimento que os próprios enfermos experimentam em ambas as faixas de vida. No entanto, obsessões dessa natureza se estruturam com acentuada frequência.

A relação entre mundo físico e astral é de uma intensidade que os olhos humanos não conseguem imaginar:

> *Em verdade vos digo: Tudo quanto ligardes na terra será ligado no céu; e tudo quanto desligardes na terra será desligado no céu*[30].

---

30 Mateus 18:18

A depressão não é um castigo. É um efeito psíquico de velhas condutas desarmonizadoras da paz e da saúde. Compete ao doente-vetor, que recebeu um corpo novo, a tarefa desafiante de:

- Reconhecer-se como um espírito em recomeço no seu aprendizado perdido em outras vidas anteriores;
- Munir-se de profunda e sentida humildade na conduta;
- Tratar-se quimicamente quando necessário;
- Mergulhar nos serviços especializados de autoconhecimento e de renovação emocional e moral;
- Além de dedicar-se às obras de fraternidade, fazendo um movimento para fora de si.

O exercício mediúnico vai drenar parte dessa dor, que acumula grossas camadas de teor energético nocivo à sua paz interior. A persistência no trabalho trará também socorro e apoio a esses comensais que, em verdade, são filhos da dor e que se apoiaram nos encarnados que estão a caminho da superação, até que um dia eles próprios também recebam a graça de um novo corpo e possam, por sua vez, realizar os serviços luminosos de sua libertação e cura.

07

> O astral do planeta
> e as obsessões
> intermitentes

"As qualidades que, de preferência, atraem os bons Espíritos são: a bondade, a benevolência, a simplicidade do coração, o amor do próximo, o desprendimento das coisas materiais. Os defeitos que os afastam são: o orgulho, o egoísmo, a inveja, o ciúme, o ódio, a cupidez, a sensualidade e todas as paixões que escravizam o homem à matéria."

O livro dos médiuns. Capítulo 20, item 227

A média de espíritos desencarnados é de aproximadamente 6 para 1 encarnado, conforme censos atualizados da vida astral. De, aproximadamente, 7,7 bilhões de reencarnados pulamos para 42 bilhões fora da matéria, em variados planos vibratórios.[31]

Nesse imenso grupo, o número de mentes em perturbação é gigantesco, a ponto de formar uma egrégora[32] de grave densidade astral. Um legítimo cenário de miséria espiritual.

Vejamos um quadro hipotético que, na verdade, representa acontecimentos rotineiros no plano físico com

---

31 Não há um consenso sobre esse assunto. Existem informações próximas. Em nosso entendimento, atualmente, a população total de espíritos que realizam sua estadia na Terra gira em torno de 30 a 40 bilhões. Essa variação se dá em função do exilio planetário e do início do período de regeneração, com a aproximação de espíritos de outros orbes que passam a ajudar o nosso planeta nesses movimentos. (N.E.)

32 A denominação vem do grego; egrégora, que significa velar e vigiar. É a força espiritual que se cria, oriunda da soma de energias coletivas de pensamentos e sentimentos dos membros que a compõem. Uma egrégora não gera energia por si; ela deverá ser alimentada; sendo resultante daqueles que a "criaram" e a mantêm.

diversas variações. Quando vamos a um supermercado, podemos observar a atitude estranha ou incomoda de uma pessoa. Não vemos, mas vamos supor que ela esteja acompanhada de quatro entidades. Apenas olhamos para aquela pessoa, que pode estar impaciente, agressiva ou expressando-se verbalmente de forma imprópria. Fazemos uma crítica mental a ela, uma reprimenda ou, simplesmente, ficamos com raiva dela.

Sem muita dificuldade, três desses quatro acompanhantes espirituais ligados a aquela pessoa passam a sondar nosso campo mental, criando laços perturbadores em nosso mundo emocional, em um processo quase que automático. Criam, sem que tenhamos consciência, um diálogo mental invasivo, um autêntico assédio à psicosfera individual.

Começamos a sentir um leve mal-estar, depois a pressão arterial sobe, a gastrite ataca, os músculos ficam tensos. Terminamos de fazer a compra no supermercado com profundo desgaste, sem nem associá-lo ao episódio. Ficamos com a mente desorganizada e, dependendo da intensidade, podemos gastar até uma semana para melhorar. Nesse correr do tempo, pedimos que levem nosso nome para a desobsessão, tomamos passe e, enquanto permanecemos nesse estado, facilmente nos irritamos com qualquer coisa ou pessoa, dormimos mal, e a vida se torna uma tormenta naqueles próximos dias ligados ao episódio.

O nome dessa conexão é obsessão intermitente, aquela que ocorre de tempos em tempos, conforme as ligações que se estabelecem na vida de relação, seja por necessidade, por sintonia ou pelas emoções.

A miséria que existe no plano astral é tão grande, que aquele que ora buscando amparar e socorrer já traz para si um campo de sombra e de dor que precisa ser aliviado e iluminado. Nesses casos, a pessoa tem um movimento de amparo ostensivo da espiritualidade, que mantém sua frequência vibratória elevada, permanecendo protegida e bem alinhada mentalmente, desde que essa conduta não seja alterada.

Acender uma luz para o bem ou agir com condutas infelizes são duas portas de acesso a vínculos espirituais, considerando a aura densa e enfermiça no astral planetário.

Em resumo, ninguém está livre disso e podemos ter, em um período de 24 horas, pelo menos 15 obsessões intermitentes, de diferentes graus e com repercussões diversas em nossa vida.

Vale analisarmos que saldo ficará de cada elo criado em nossa vida, sempre atentos ao fato de que:

> *As qualidades que, de preferência, atraem os bons Espíritos são: a bondade, a benevolência, a simplicidade do coração, o amor do próximo, o desprendimento das coisas materiais. Os defeitos que os afastam são: o orgulho, o egoísmo, a inveja, o*

ciúme, o ódio, a cupidez, a sensualidade e todas as paixões que escravizam o homem à matéria[33].

É dessa alternância entre a luz e a sombra em nosso coração que vamos aprendendo a fazer melhores escolhas e a solidificar o bem em nós.

Naquele supermercado, seria muito desejável o uso da bondade para com quem se perturbou. Com essa atitude de amorosidade, todos receberiam a dose sagrada da pacificação que o mundo tanto clama e necessita.

---

33 *O Livro dos médiuns.*

"Quietude mental"

"Não vos inquieteis, pois, pelo dia de amanhã; porque o dia de amanhã cuidará de si mesmo. Basta a cada dia o seu mal."

Mateus, 6:34

A tormenta dos pensamentos é ocasionada pela constante invasão dos conteúdos armazenados no inconsciente: impulsos, hábitos, traços morais e uma diversidade de forças que estão arquivadas nessa parte da casa mental. Num processo automático, esses conteúdos interferem na vida consciente, causando perturbação e inquietude.

Os médiuns percebem, com maior amplitude, uma invasão acrescida de outras interferências, tais como:

- vibrações de outras pessoas;
- dos campos energéticos ao seu redor;
- das influências positivas ou negativas de entidades espirituais;
- do magnetismo de objetos;
- de energias naturais que emanam de tudo o que nos cerca;
- entre outras.

Em meio a tantas e diferentes manifestações, a maior angústia dos servidores da mediunidade, especialmente nos primeiros tempos de exercício mediúnico, é saber o que lhes pertence e o que vem de fora. O que é seu, e o que é de outra origem. Para muitos, esse processo é motivo de desistência da tarefa. Por não perceberem com exatidão os frutos da mediunidade, eles se sentem desonestos com eles mesmos e com os outros a respeito do que produzem.

Os médiuns recebem a mediunidade com objetivos curativos da alma. E, para educar essa parte da vida mental, é necessária uma educação interior em seus pensamentos e sentimentos. Esse trabalho de desenvolvimento do bom senso sobre seu mundo psíquico e moral lhe traz quietude mental, um alinhamento entre a realidade e o fantasioso, entre o que é da sua individualidade e o que foi agregado a ela, vindo de outras fontes.

Portanto, a educação emocional é o caminho de asserenamento do falatório mental, da estabilidade e do contato seguro com sua essência, porque amplia a consciência de si próprio.

Mais do que conhecer os mecanismos da mediunidade, temos, primeiro, que conhecer a nós mesmos, que lidar amorosamente com nossa sombra inconsciente, acolhê-la e iluminá-la. Quanto mais amigável formos com essa sombra, quanto mais bons tratos de autoamor ela receber, mais o médium sentirá equilíbrio e alinhamento mental.

A quietude interior permite maior clareza e filtragem no exercício mediúnico. A calmaria interna possibilita melhor conexão com o mundo dos desencarnados. É uma luz que se acende na vida mental e que produz domínio e serenidade.

No campo moral e espiritual, a quietude mental é indício de força e acesso à sabedoria, são os olhos da alma interpretando a vida, sob a perspectiva do bem e da grandeza celestial. Por isso, Jesus nos recomenda:

Não vos inquieteis, pois, pelo dia de amanhã; porque o dia de amanhã cuidará de si mesmo. Basta a cada dia o seu mal[34].

A inquietude é um efeito de velhas ilusões, que criam miragens mentais sobre a existência. A quietude interior ajusta a percepção e tranquiliza a mente para viver o aqui e o agora, permitindo uma vida mais rica de satisfação e uma valorosa sensação de estabilidade. Tais condições são fundamentais para curar a dor da fragilidade e para que possa sentir, plenamente, que todos fomos criados com capacidades e talentos infinitos.

---

34 Mateus 6:34

09

> Pressão espiritual e obsessão

"Tenho-vos dito estas coisas, para que em mim tenhais paz. No mundo tereis tribulações; mas tende bom ânimo, eu venci o mundo."

João, 16:33

Dores emocionais são expressões que nascem da profundidade da alma em sofrimento. Não surgem, necessariamente, por conta de obsessão e, mesmo quando acompanhadas de interferência espiritual, são de integral responsabilidade de quem as gerou.

Assumir responsabilidade sobre os próprios sentimentos e escolhas já é um caminho de cura e libertação. Embora muitos ainda prefiram a fuga, transferindo essa tarefa para as entidades espirituais, para os rituais de magia e para toda forma de perturbação no caminho evolutivo.

Reconhecer honestamente a própria construção de infelicidade e sombra torna-se algo doloroso, que pode nos fazer sentir ainda mais desprovidos de recursos intelectuais, morais e espirituais.

Todos aqueles que estiverem na vida material sofrerão pressão espiritual; essa pressão vem de fora e faz parte da vida como mecanismo de intercâmbio e troca, aprendizado e crescimento. Obsessão, no entanto, vem de dentro, nasce na mente e no coração, no núcleo emocional da alma.

A pressão é como se alguém batesse na porta da nossa vida para nos levar a fazer o que não nos convém; a obsessão é quando abrimos essa porta e aceitamos recebê-la. O ato de abrir é responsabilidade de cada um de nós.

Pressão é mecanismo energético inerente a todos. Obsessão é uma escolha.

Evidentemente, toda escolha depende da capacitação interna. Quanto mais consciência emocional nós temos, mais possibilidades possuímos de distinguir os movimentos estranhos e nocivos que se operam no nosso campo mental. Quanto mais autoconhecimento, mais chance encontramos de ajuizar, com clareza, as infiltrações de pensamentos, de sentimentos e toda forma de interferência estranha.

Os bilhões de espíritos reencarnados sentem a pressão dos bilhões de espíritos fora da matéria. Sentem também a pressão das emissões de outras mentes no seu círculo de convivência, do magnetismo dos objetos, a pressão dos seres vivos, que emitem vibrações, da psicosfera que se forma ao redor do planeta.

A mente vive em permanente intercâmbio de forças, ideias e criações. É necessário que os médiuns tenham um sólido desenvolvimento da identidade psicológica, para que saibam peneirar as fontes e escolher e sustentar seu próprio clima vibracional.

As obsessões, independentemente do grau em que se operem, são apenas um termômetro a demonstrar qual é o grau de falta de domínio pessoal e de necessidades morais que os obsidiados padecem.

Todos nós sofreremos essas pressões. A obsessão depende do rumo que somos capazes de dar aos poderes internos que já tenhamos conquistado:

> *Tenho-vos dito estas coisas, para que em mim tenhais paz. No mundo tereis tribulações; mas tende bom ânimo, eu venci o mundo[35].*

A volta do espírito à matéria tem por objetivo e missão a vitória sobre as tribulações interiores; a Terra é um vasto campo de aprendizado. O carvão, após longo tempo sob intensa pressão, fornece o diamante.

Carregamos dentro de nós todos os ingredientes morais e espirituais para a paz. No entanto, convém que batalhemos pelo aprimoramento e conquistemos as condições necessárias ao aprimoramento.

Manter o ânimo na luta é não desistir de si. É nutrir a coragem de olhar para as próprias dores e de se desenvolver com responsabilidade, pois estamos cientes de que colhemos o fruto plantado.

As pressões serão gigantes, proporcionais às necessidades que carregamos para vencer.

A vivência da mensagem do Evangelho é um porto seguro para que tenhamos a paz necessária, mesmo que

---

35 João 16:33

ainda não a mereçamos integralmente, e façamos o trabalho de nossa própria redenção.

Todos os que regressam à matéria, de alguma forma retornam, mais ou menos conscientes, com esse propósito divino na intimidade do ser.

10

> Grupos parceiros
> e acolhedores

"A influência do meio é consequência da natureza dos espíritos e do modo pelo qual atuam sobre os seres vivos. Dessa influência, cada um pode deduzir, por si mesmo, as condições mais favoráveis para uma Sociedade que aspira a conseguir a simpatia dos bons espíritos e a obter só boas comunicações, afastando as más. Estas condições estão todas nas disposições morais dos assistentes e se resumem nos pontos seguintes: Perfeita comunhão de objetivos e de sentimentos; Cordialidade recíproca entre todos os membros; Ausência de todo sentimento contrário à verdadeira caridade cristã; (...)."

O livro dos médiuns. Capítulo 24, Item 341

Vejamos algumas das angústias dos médiuns nas atividades mediúnicas, principalmente nos primeiros degraus do aprendizado:

- Isso que estou percebendo é criação minha ou é a realidade dos espíritos?
- O que estou vendo é mediunidade mesmo ou é fruto da minha loucura?

Pessoas honestas vivem esse drama porque não querem enganar a ninguém. Desejariam saber mais claramente o que lhes pertence e o que podem atribuir como produção mediúnica.

No entanto, a delicadeza dessa questão nem sempre permite tanta clareza e, por essa razão, outros fatores merecem análise.

Entre eles, é necessário legitimar o animismo, que nada mais é do que aquelas ideias, sentimentos e outras contribuições que são próprias do médium. A parcela de participação do instrumento mediúnico na produção mediúnica é muito relevante e natural desde que em níveis razoáveis.

Durante muito tempo, ser médium foi interpretado como ser alguém com compromissos somente com o plano espiritual, alguém distante da realidade física e da vida de relação humana. De fato, muitos foram incluídos nesse estilo de vida em função de suas missões e dos seus compromissos assumidos. Hoje, os critérios e valores sobre esse tema estão em transição.

Entramos na era da mediunidade de parceria, quando a produção e a autenticidade mediúnica vão depender muito da integração do médium com seu meio social, de sua capacidade de estabelecer relacionamentos sadios e promissores, contrários à conduta que estimula mitos e idolatrias, vida casta e uma pureza de alma raríssima.

Hoje, há uma nova ordem de relações nas quais o médium é um aprendiz desapegado da aura de santidade e de sabedoria inquestionável. Os médiuns devem ficar atentos para essa tendência, colaboradores bem-intencionados, seres humanos comuns e alunos com muitas lições a aprender; nada além disso.

Essa conduta de honestidade emocional e transparência, sem o peso da aura de profetas ou grandes iluminados, traz alívio ao conflito causado pela dúvida sobre o que é do médium e o que pertence às entidades espirituais.

Os bons médiuns, parceiros da atualidade, não são aqueles que se retraem do mundo e só abrem as janelas para o mundo dos espíritos, mas aqueles que vivem como seres humanos integrados com seu meio e que abrem as portas da sociedade para criar conexões com as realidades do mundo espiritual. São aqueles que levam a pessoa aos espíritos, e não os que tentam aproximar os espíritos da pessoa.

Quantos médiuns excelentes existem necessitando de acolhimento, de orientação e de amizade para sustentarem sua crença na própria mediunidade!

Quantos médiuns estão hoje desistindo de seus grupos mediúnicos por deixarem que essas dúvidas sobre a origem de suas percepções os massacrem.

A mediunidade de parceria suplica grupos que cultivem a colaboração, o desapego das manifestações de vaidade e da veneração. Sem um relacionamento de amizade e confiança, dirigentes assumem posturas apressadas e impulsivas; rotulando os médiuns e manifestando juízos desmotivadores, ora depreciando os médiuns, ora confundindo-os, ora envaidecendo-os.

A mediunidade de parceria só pode brotar onde existam campos de cultivo férteis de carinho, respeito, entendimento de acolhimento fraternal. A parceria entre encarnados estende aos grupos desencarnados:

- Perfeita comunhão de vistas e de sentimentos;
- Cordialidade recíproca entre todos os membros;
- Ausência de todo sentimento contrário à verdadeira caridade cristã.

Nesse clima abundante de amorosidade, o animismo e os prováveis e naturais equívocos do aprendizado são absorvidos com maturidade emocional, permitindo um crescimento de todos em direção aos melhores sentimentos, que são o alicerce do serviço com os bons espíritos.

Sintonia de relacionamento, acolhimento espontâneo e caridade cristã são os valores morais que permitem ambientes amistosos e médiuns parceiros, novos espaços de luz no caminho da regeneração da Terra.

11

> ## O animismo a serviço do bem

"Não parece que esta explicação confirma a opinião dos que entendem que todas as comunicações provêm do espírito do médium e não de espírito estranho?

Os que assim pensam só erram em darem caráter absoluto à opinião que sustentam, porquanto é fora de dúvida que o espírito do médium pode agir por si mesmo. Isso, porém, não é razão para que outros não atuem igualmente, por seu intermédio."

O livro dos médiuns. Capítulo 19,
Item 223, pergunta 2

O animismo é aquela contribuição moral e intelectual que pertence ao médium nas suas produções mediúnicas.

Em médiuns raros, com acentuado desenvolvimento moral e espiritual, tal como Francisco Cândido Xavier, podemos levantar uma hipótese, a título de exemplo, para maior entendimento, que trabalhava com 70% de filtragem mediúnica e 30% de contribuição de sua própria personalidade.

No entanto, para a maioria dos médiuns hoje reencarnados, a melhor projeção seria algo em torno de 80% de seu campo anímico e 20% da parte dos espíritos[36]; isso quando reúne três essenciais qualidades:

---

36 A autora espiritual não incluiu a influência do meio nessa abordagem, e sim sob o enfoque do animismo em sua produção mediúnica.

- Persistência no trabalho espiritual;
- Devoção ao estudo;
- Continuado processo de melhoria moral.

É evidente que tal projeção não pode ser generalizada. Nem quanto ao percentual, nem sequer quanto às qualidades. As variações são infinitas para se considerar resultados saudáveis e úteis no assunto intercâmbio mediúnico.

Consideremos outro enfoque importante no tema. Aqueles 30%, vindos de uma pessoa como Francisco Cândido Xavier, enriquecem e agregam a qualquer contribuição do mundo espiritual.

Essa parte anímica nas comunicações não é, necessariamente, um entrave. Especialmente quando o médium se dedica ao seu avanço em conhecimento e bondade, elevação moral e vida reta inspirada nos ensinos do Evangelho de Jesus.

Quanto mais aprimorado nessas disposições, mais a filtragem do médium refletirá propósitos enobrecedores e próximos às entidades espirituais que o assessoram.

Chega-se a um ponto em que a participação anímica é absorvida com naturalidade dentro do processo de produção, somando em vez de interferir.

Cabe ao médium uma honestidade emocional a respeito do que ele próprio sente sobre o que produz. No entanto, não se permitam tratar o animismo como um problema, para que isso não se torne, de fato, um problema.

São muitos os médiuns que, não sabendo lidar com esse tema, desanimados, simplesmente abandonam a tarefa, supondo não possuírem um grau de mediunidade, em função das nítidas participações de sua personalidade no exercício da faculdade.

O tema ganhou uma investigação atenciosa de Allan Kardec, no capítulo 19, de *O livro dos médiuns*, de onde extraímos esse pequeno retalho:

> *Os que assim pensam só erram em darem caráter absoluto à opinião que sustentam, porquanto é fora de dúvida que o Espírito do médium pode agir por si mesmo. Isso, porém, não é razão para que outros não atuem igualmente, por seu intermédio.*

A lealdade do médium nos grupos de trabalho mediúnico, colocando-se disponível para ser avaliado no que produz, e também um exame feito com fraternidade, visando motivar os servidores, são os dois principais pontos para uma caminhada que vai permitir amplas conquistas e um clima de segurança.

O animismo deve ser absorvido na tarefa do bem sem qualquer preconceito ou indisposição, para que o clima da confiança se fortaleça, e os médiuns não se sintam indignos ou desonestos a respeito do que podem oferecer.

12

Os perfeccionistas e melindrosos

"Médiuns suscetíveis: variedade dos médiuns orgulhosos, ofendem-se com as críticas feitas às suas comunicações; zangam-se com a menor contradição e, se mostram o que obtêm, é para que seja admirado e não para que se lhes dê um parecer. Geralmente, tomam aversão às pessoas que não os aplaudem sem restrições e fogem das reuniões em que não possam impor-se e dominar.

Deixai que se vão pavonear em algum lugar e procurar ouvidos mais tolerantes, ou que se isolem; nada perdem as reuniões que ficam sem a presença deles."

Erasto
O livro dos médiuns. Capítulo 16, Item 196

A fragilidade na alma reduz a capacidade emocional de resistência a culpas, frustrações e ofensas. O espírito que percorreu o caminho da ilusão, a respeito de forças e de qualidades que não possui, lesionou seu sistema de reação defensiva às dificuldades e provas da vida.

Por conta dessa enfermidade, torna-se rotineiro o mal-estar interno diante dos desacertos nos acontecimentos da vida e nos relacionamentos; vivendo entre desânimo e descrença, frustração e melindre.

Nos médiuns dotados de hipersensibilidade, esse efeito é ainda mais perceptível por meio de um cruel comportamento de perfeccionismo.

Perfeccionistas são pessoas que não lidam bem com a culpa por fazerem algo que consideram errado. Não lidam bem, em verdade, com a imagem distorcida que fazem de si próprios. E, para não tomarem contato com a sofrível dor de seu erro e de sua realidade, adotam maneiras de viver muito rígidas.

Apoiam-se somente no certo ou errado, não relativizam a existência e os fatos. Fecham-se em padrões extremos nos seus pontos de vista.

Essa vulnerabilidade da alma cria uma dor que sustenta a crença de que só serão amados se fizerem o correto ou, pior ainda, só terão valor pessoal se fizerem o que consideram o certo.

Cobram exageradamente de si mesmos e, por consequência, dos outros, ultrapassando, com muita frequência, os limites aceitáveis na convivência, gerando desgaste e conflitos desnecessários e improdutivos. Terminam sempre na condição de pessoas muito machucadas, vítimas do próprio melindre.

O perfeccionismo revela algo que não vai bem dentro da criatura no seu campo emocional, em relação à imagem que faz de si mesma.

A aura dos médiuns pode ser comparada a uma tela de proteção muito similar a uma rede de pescaria, com minúsculos entrelaçamentos. Essa conduta de autoexigência e desamor perfura essa rede em vários pontos, permitindo as sintonias com forças sombrias vindas de entidades ou mesmo do próprio ambiente. Tais perfurações permitem entrada livre e danosa, com diversos efeitos emocionais, mentais e orgânicos.

Nesse contexto, o exercício mediúnico pode ser prejudicado pela dureza e rigidez de avaliação que o médium se impõe na relação com o mundo espiritual, adicionado a essas interferências astrais e espirituais.

Mediunidade necessita de leveza e flexibilidade, sobretudo de muita humildade para uma avaliação honesta e não censuradora a respeito daquilo que o médium consegue produzir; além de um clima de abertura do coração para olhar o exercício mediúnico com autêntica imparcialidade.

Os médiuns, sem exceção, podem se equivocar, se enganar, ter momentos difíceis. O que deles se espera é apenas que ofereçam o seu melhor. Nada mais.

Não existem médiuns perfeitos, nem médiuns que não possam oferecer algo mesmo carregando grave volume de deficiências. Como nos orienta Erasto:

> os que *se zangam com a menor contradição e, se mostram o que obtêm, é para que sejam admirados e não para que se lhes dê um parecer. Geralmente, tomam aversão às pessoas que não os aplaudem sem restrições e fogem das reuniões em que não possam impor-se e dominar.*

A cura desse estado interior de dureza emocional surge com um autoconhecimento persistente na construção da aceitação e do perdão por sermos quem realmente somos; aprendendo a nos amar com o melhor que pudermos fazer e ser perante a vida, em todas as circunstâncias, e não somente na mediunidade.

Exercer um profundo amor a nós mesmos a ponto de conseguirmos perceber que ninguém precisa viver para agradar ou para provar sua capacidade a quem quer que seja. Podemos oferecer somente o que somos capazes de realizar, e isso já é uma grande conquista.

A fragilidade é a gestora de um clima interno de sentir-se incapaz, limitado e sem utilidade na prática dos dons mediúnicos e da crença em não ser bom o suficiente. É a fragilidade quem cria miragens sobre grandeza pessoal na tarefa do bem. Uma ilusão destruidora de excelentes oportunidades.

Esta é a cura: compreender quais são as nossas crenças que sustentam a base das emoções, da autoexigência e da autocobrança, gerenciadas por um orgulho defensivo que tenta esconder as vulnerabilidades da alma.

A partir disso, entender que o tempo vai solidificar, no coração, a habilidade em lidar, sensata e equilibradamente, com quaisquer enganos ou desacertos, em clima de amorosidade e bondade consigo mesmo e com todos.

13

> "A sombra da descrença sob a luz do enfrentamento"

"No amor não há medo antes o perfeito amor lança fora o medo; porque o medo envolve castigo; e quem tem medo não está aperfeiçoado no amor."

I João, 4:18

O medo é uma das emoções mais fundamentais no crescimento emocional e espiritual.

Os médiuns, por natureza, sentem em grau superlativo os efeitos do medo ao longo da reencarnação.

Esse processo pode ser explicado porque os médiuns renasceram sem as capas de orgulho e as defesas sociais que os mantinham, ilusoriamente, protegidos em outras vidas.

O orgulho mantinha suas ideias de grandeza e poder. Seus fatores sociais resumem-se em cargos, conquistas e direitos sociais.

Faziam-se de corajosos, desbravadores, imbatíveis, quando, em verdade, jogavam nos porões da subconsciência um volume acentuado de energias tóxicas. Armazenadas nesses porões, hoje essas toxinas são expurgadas, drenadas para a vida mental e corporal, causando dolorosos quadros de ansiedade, instabilidade e sensação de impotência.

Obsessores persistentes e magos com grande habilidade exploram abusivamente essa dor dos médiuns.

Evidentemente, não analisamos isso como causa, mas como fator severamente agravante.

O rumo dessa perturbação alcança o terreno emocional da descrença, seguindo aproximadamente este percurso:

**medo > pessimismo > pânico >
apatia > desânimo > descrença**

Essa é a rota de autodestruição e da completa imobilização do ser, que só pode ser vencida com enfretamento persistente e muito amparo espiritual.

A função do medo é motivar a competência pessoal, desenvolver habilidades inatas e adormecidas e superar a sensação de debilidade que causa a ferida de origem, que é a fragilidade, produtora de toda essa tormenta interior.

O medo é o vetor emocional que chama o médium a reconhecer sua vulnerabilidade, seus limites, suas imperfeições; e a buscar se empenhar, com mais dedicação, ao seu avanço pessoal nos campos: moral, emocional, intelectual e espiritual.

O que há de mais doloroso a enfrentar é a sua autoimagem, carregada de ilusões acerca de si próprio e do mundo que o cerca.

O medo amordaça a força da fé, e a fé é o único remédio eficaz contra a descrença.

O caminho da fé pode ser obtido com essa proposta de comportamento:

honestidade emocional > reconhecimento da fragilidade > revisão de crenças > mudança na forma de viver > construção de metas e de sonhos que sejam alimentadores da fé.

A fé nada mais é do que a recuperação do seu próprio poder divino, da capacidade que todos possuímos de resplandecer a luz de Deus em nossa vida. É um processo de descoberta do valor pessoal. Quanto menos acesso ao nosso poder interno, mais medo experimentamos. Quanto mais conexão com nossa força divina interna, mais equilíbrio, estabilidade e paz desfrutamos na alma.

Enfrentar os desafios externos é desenvolver, por dentro, todos os caminhos que levam ao amor, pois:

> *No amor não há medo antes o perfeito amor lança fora o medo; porque o medo envolve castigo; e quem tem medo não está aperfeiçoado no amor*[37].

O medo não enfrentado é uma expressão de ausência de amor a si. Quem se ama organiza a própria vida, a preço de sacrifício se preciso for, para superar as barreiras daquilo que teme.

Não existe um desamor mais prejudicial do que não olhar, entender e transformar tudo aquilo que, internamente, limita-nos e aprisiona.

---

37 João 4:18

Os médiuns passam por temores devastadores e penosos. Lidar bem com essa emoção é um caminho de luz e redenção, é a estrada do verdadeiro amor a si e da mais completa desilusão a respeito do que imagina sobre suas próprias qualidades, limites e potenciais.

Vencer o medo é colocar a vida no equilíbrio e na uniformidade dos sentimentos.

14

> ## Médiuns esponjas e a importância da autorresponsabilidade

"E eis que veio um leproso e o adorava, dizendo: Senhor, se quiseres, podes tornar-me limpo. Jesus, pois, estendendo a mão, tocou-o, dizendo: Quero; sê limpo. No mesmo instante ficou purificado da sua lepra."

Mateus, 8: 2 e 3

A responsabilidade sobre os nossos atos e sentimentos é o alicerce de qualquer realização espiritual. Ser honesto a respeito do que se faz e do que se pensa e sente é essencial para manter o equilíbrio mental e a consciência em paz.

Quem se acostuma a justificar suas atitudes e reações emocionais se distancia da ampliação da consciência e da construção de uma percepção real de si mesmo.

Os chamados médiuns esponja, popularmente conhecidos como aqueles que absorvem os campos energéticos tóxicos de ambientes e pessoas, acreditam que sua missão é apenas puxar as más energias, mas ficam reféns de quadros de perturbação e, infelizmente, por uma imaturidade emocional, não reconhecem quais portas internas foram abertas para atrair essas energias.

Alguns dizem "sou como uma esponja, pego tudo dos outros e dos locais". Convenhamos que isso existe, porém a missão não é absorver, e sim transmutar.

Nós chamamos esses irmãos de Médiuns de Saneadores. São instrumentos mediúnicos muito sensíveis aos campos astrais e cuja missão é transmutar, e não somente absorver os bolsões energéticos tóxicos.

Esses médiuns só trabalham dessa forma porque têm uma estrutura emocional a ser reparada, e este é o objetivo educativo dessa mediunidade: fazerem um mergulho profundo na alma para identificar suas tomadas mentais e qual o tipo de comportamento e/ou sentimento alheio se imanta nas suas auras e mentes. É assim que aprendem a fechar as portas, conhecendo, aceitando e educando suas condutas enfermiças.

Para o cumprimento dessa missão perante a vida, Médiuns de Saneadores necessitam achar os caminhos para sair dessa condição de "pega tudo para os outros ficarem bem" e alcançar a condição de "posso usar meus poderes para filtrar o que quero e mereço pelo meu bem e também dos outros".

A tarefa não é apenas limpar, sobretudo é se fazer um filtro da luz para o bem de todos onde for chamado.

Os campos energéticos de pessoas e de ambientes são compostos por moléculas criadas pelas mentes humanas e pela irradiação natural de cada ambiente.

Só alteram a vida emocional dos médiuns por sintonia e frequência vibratória.

Um médium que sinta medo constantemente vai atrair o pânico, a fragilidade e a dor de quem se mantém na faixa.

Um médium aprisionado à tristeza vai agregar volumosos miasmas de depressão à sua aura.

Um médium invasivo nos relacionamentos torna-se uma porta escancarada para carregar a sombra do outro.

Um médium entregue à fofoca será um consumidor da insatisfação e da revolta de quem o rodeia.

A proteção psíquica e espiritual depende de uma atitude de autorresponsabilidade, sobre tudo o que se passa na vida interior dos médiuns. Isso não significa que nunca mais absorverão a toxicidade. Significa que terão maior visão de si próprios e de como transmutar o que não lhe pertence. Significa também que saberão seu papel cristão e transformador onde forem chamados.

Lembrem-se, a função não é absorver, e sim transmutar. Serem cooperadores na limpeza do mundo e das pessoas. Um saneador do bem realizando asseio e purificação no caminho:

> *Jesus, pois, estendendo a mão, tocou-o, dizendo: Quero; sê limpo. No mesmo instante ficou purificado da sua lepra*[38] .

Os saneadores aprendem a identificar com a própria experiência:

---

38 Mateus 8:3

- Onde há sujeira vibratória;
- Quem está pronto para ficar livre dela;
- Para qual local pode ser removido o peso etérico que ali se concentra;
- Qual contexto da vida é chamado a servir e a ser útil, projetando luz onde há sombras.

Os saneadores são cooperadores na construção de um planeta mais limpo e purificado para o bem de todos e para o destino feliz da humanidade.

15

> Mediunidade e egoísmo, a origem da bipolaridade

"Médiuns egoístas: os que somente no seu interesse pessoal se servem de suas faculdades e guardam para si as comunicações que recebem."

O livro dos médiuns. Capítulo 16, Item 196

Usaremos aqui o termo bipolaridade sem qualquer aprofundamento técnico, apenas com o sentido de alternância de humor.

Os médiuns, com raras exceções, são espíritos que fizeram uma jornada sombria pelas estradas do egoísmo e da ilusão.

O efeito desse comportamento na vida mental foi o de se afastarem do eixo interno da alma: luz e equilíbrio.

Hoje, renascem com uma escassez mental e espiritual, ou seja, com uma enorme dificuldade para se conectarem com a parte sadia que possuem. E em pequenos acontecimentos perdem o contato com o núcleo interno da segurança, da esperança, da alegria e da autorrealização.

Em função dessa alternância interna, quase sempre os bipolares/médiuns se sentem infelizes e desvalorizados, sofrem de uma síndrome do impostor, como se eles e suas produções mediúnicas fossem uma farsa e eles, pessoas más, sem qualquer atrativo. Num momento, acham-se no máximo da evolução; no outro, consideram-se as piores pessoas do planeta.

Essa alternância ocorre em razão da profunda carência que os afasta dos valores internos, criando um abismo entre suas qualidades e suas sombras, pendendo sempre para dar atenção ao que existe de pior em si próprio.

Eles sofrem horrores com uma doença chamada carência e ficam debatendo-se entre dores existenciais e a sensação de serem alguém especial e dotado de muitos valores.

Assim nasce essa alternância que aqui chamamos bipolar; uma alternância entre a angústia e a esperança exagerada, entre a tristeza e a alegria descontrolada, a solidão e a sofrível expectativa de amores impossíveis, a acomodação e a insaciedade, a penosa contenção de gastos e o consumismo desenfreado saciador de ansiedade, o juízo e o impulso desordenado para fazer mais do que podem dar conta.

Tais quadros são expressões enfermas da fragilidade.

São doenças da alma, que resultam de velhos comportamentos emocionais e mentais e que podem ser agravados por obsessão, magia e contextos energéticos que necessitam ser examinados.

Essa alternância de humor pode ser curada desenvolvendo-se recursos mentais e emocionais para a reconexão com o centro interno da sabedoria e da luz. Uma mudança comportamental do egoísmo milenar, sustentada por uma profunda e consciente educação emocional.

O contato com os espíritos sofredores é terapêutico para os bipolares/médiuns porque, durante o transe, exteriorizam sua sombra e suas dores decorrentes desse egoísmo, o que traz alívio e reconexão interna temporária. O contato com os benfeitores espirituais é ainda mais libertador, porque a mente dos médiuns, em sintonia com a mente de seus guias, faz, automaticamente, uma reintegração com a luz interior durante uma psicografia, por meio de uma incorporação ou alguma forma profunda de transe mediúnico.

Portanto, o exercício perseverante da mediunidade é fonte de cura, embora não possamos resumir a isso todo o processo curativo.

O remédio primordial é aprenderem a se proteger desse egoísmo, a identificar suas expressões sutis na emoção, na ação e na reação. Tarefa árdua, porque raramente as pessoas se admitem egoístas. Adquirir consciência das formas subjetivas e enraizadas do egoísmo exige muita coragem de se desnudarem e de olharem para esse ego arrogante.

Os egoístas apresentam personalidade controladora, dominadora e centralizadora. São pessoas que traçam a vida com base em atingir suas expectativas nos relacionamentos e nas conquistas sociais. Outra manifestação bem imperceptível de egoísmo está no ato de projetarem em tudo e em todos os defeitos que não querem ou não conseguem reconhecer em si mesmos, pois têm capacidade de serem corruptos em nome da justiça e do direito, de obterem vantagens ditas necessárias e merecidas, seja de que forma for.

O egoísmo é algo tão difícil de identificar, que alguns valores como independência, sucesso e competência podem se tornar alienação, arrogância, discriminação e narcisismo. Para os egoístas, os limites entre algumas posturas sadias e doenças do ego são muito tênues.

Os médiuns, com raríssimas exceções, são espíritos potencialmente egoístas, focados em seus interesses e na manifestação de suas personalidades. E quanto mais carentes de recursos que os realizem na vida, mais usam a própria mediunidade como fonte de poder e força. Raros os que conseguem e/ou aprendem a não usar a mediunidade como trampolim para o seu ego.

O autoengano é uma das propriedades do egoísmo que os impede de verem a si próprios como egoístas. Daí a dificuldade enorme de um processo transformador.

Sem dúvida, a cura é o amor verdadeiro a si, quando se estabelecerá uma forma amorosa de se tratarem e de conviverem consigo mesmos. É aprenderem que a reconexão interna vai depender de saberem como deslocar a força pessoal do ego para o coração, da soberba intelectual para a despretensão do saber, da vaidade narcísica para a autovalorização; sem depender do reconhecimento alheio; da compulsão por controle para a leveza de aceitarem as pessoas como são, da impulsividade da exigência imaginária para a adaptação à realidade; da cobrança implacável do ego para a generosidade iluminada da bondade com todos e com tudo.

> *Médiuns egoístas: os que somente no seu interesse pessoal se servem de suas faculdades e guardam para si as comunicações que recebem.*[39]

Vão à luta em busca da própria redenção, aprendendo, passo a passo, o que fazer para construir essa conexão com sua luz pessoal, que perderam nas curvas das reencarnações.

---

39 *O livro dos médiuns.*

16

> ## A digital astral de um grupo mediúnico

"Nem sempre basta que uma assembleia seja séria para receber comunicações de ordem elevada. Há pessoas que nunca riem e cujo coração, nem por isso, é puro. Ora, o coração, sobretudo, é que atrai os bons espíritos. Nenhuma condição moral exclui as comunicações espíritas; os que, porém, estão em más condições, esses se comunicam com os que lhes são semelhantes, os quais não deixam de enganar e de lisonjear os preconceitos."

O livro dos médiuns. Capítulo 21, Item 233

Para atingir o céu, a vida nos solicita, antes de tudo, que aprendamos a rastejar, depois a andar e, mais adiante, a voar.

A integração com os benfeitores espirituais será mais clara e fiel à medida que os médiuns criarem relacionamentos mais saudáveis e sólidos com aqueles que se encontram em seu plano de vida; nutrindo com a amorosidade aqueles que eles podem abraçar e tocar no mundo físico. A sua convivência com os espíritos será o resultado daquela que temos com os seres da esfera de vida no mundo físico.

Relacionamentos são geradores de emoções e são os maiores propulsores de movimento interno da vida mental.

Se o médium sofre com a tormenta da inveja, encontra-se algemado às dores da mágoa, tropeça com frequência na compulsão pelo desprezo ao próximo; se suas relações são tecidas com os fios da inimizade, suas percepções mediúnicas serão tolhidas pelos campos de energia sombrios que o aprisionam.

A liberdade emocional, que facilita a criatividade e expande a sensibilidade mediúnica, depende da maturidade em saber lidar com os sobressaltos da convivência.

Acreditar que os médiuns são como interruptores que, ao serem apertados, fazem acender a luz de toda a verdade do que acontece na vida espiritual é uma visão infantil.

Mediunidade com Jesus é um serviço espiritual para muitas vidas.

Maturidade emocional adquirida em relacionamentos, habilidade de uso do poder mental, sólida resistência a frustrações e desenvolvimento moral na renovação dos comportamentos são os traços que fazem um alicerce ser seguro para erguer os serviços da mediunidade com Jesus.

Desenvolver a alma, e não a mediunidade, eis o lema educativo e libertador!

A mediunidade expande-se naturalmente entre os que aprimoram seus valores espirituais. Mais paz interior, quietude mental, visão serena e fervorosa da vida, consciência tranquila.

O mais seguro exercício da mediunidade surgirá entre pessoas ligadas em construir, com muito respeito e com muita confiança e motivação, um círculo de convivência gerador de luz espiritual.

Os talentos mediúnicos florescem em clima espontâneo, no qual se cultiva esse esforço de formar legítimas egrégoras de amor e bondade.

As observações registradas por Allan Kardec sobre a Influência do Meio auxiliam a compreender o valor de um clima vibratório de elevação como condição essencial às comunicações mediúnicas:

> Nem sempre basta que uma assembleia seja séria, para receber comunicações de ordem elevada. (...) Ora, o coração, sobretudo, é que atrai os bons Espíritos. (...) os que, porém, estão em más condições, esses se comunicam com os que lhes são semelhantes, os quais não deixam de enganar e de lisonjear os preconceitos[40].

E Kardec deixa claro a importância do coração, representando o conjunto dos sentimentos como elemento de atração.

Uma egrégora sadia forma a digital astral de um grupo de serviço identificando a qualidade espiritual do ambiente e dos laços entre seus membros. Por essa razão, todo investimento em criar relacionamentos sinceros, respeitosos e fraternos trará ao trabalho muitas bênçãos e será também a fonte mais intensa de proteção, criando condições de intercâmbio cristalino com os planos além da matéria.

---

40 O livro dos médiuns.

17

> ## Amargura, a lepra da alma

"(...) limpai os leprosos (...)."

Mateus, 10:8

A amargura é um sentimento, um estado de humor e um efeito de vários movimentos internos da vida mental. Pessoa amarga quer dizer sem doce, áspera, desagradável e pesada.

Muitas pessoas foram traídas, machucadas e sofreram fortes dores emocionais de decepção que as obrigaram a fazer uma cirurgia sem anestesia nas expectativas que nutriam sobre amigos, parentes, conhecidos, na vida conjugal, enfim, nas mais variadas formas de relacionamento.

Azedaram o humor, secaram o afeto e acomodaram-se no lugar interior com o qual mais se identificam: o porão das sombras da tristeza. São infelizes por escolha própria, por mais que não entendam isso. Aliás, se tem algo que machuca o amargurado é a felicidade alheia. Eles próprios, por tamanha dor, exilaram-se em suas ilhas mentais de fel e desapontamento.

Algumas máscaras acobertam esse estado de sofrimento interno, tais como:

- Pessoas exageradamente sinceras;
- Palavras agressivas;
- Doses excessivas de cobrança;
- Formas pesadas de manifestar o ponto de vista;

- Dureza no trato com os assuntos da vida;
- Muita reatividade emocional, pois as pessoas amargas são muito reativas;
- Costumam se endurecer em sua forma de pensar e não apresentam mínima flexibilidade na troca de ideias e interatividade de opiniões;
- A aspereza chega a ser tão intensa, que os amargurados adotam o desrespeito com muita facilidade.

Afora esse biótipo mais conhecido, todos nós temos um pouco de amargura ou dias de amargura. Faz parte da roda das emoções a serem retificadas tudo aquilo que nos conduz a azedar por dentro ante as provas da vida.

A cura solicita mudança corajosa de postura, a decisão em buscar o que nos falta, em retomar o caminho da felicidade. Precisamos aceitar e acolher nosso incômodo com a felicidade alheia, para ver se, assim, decidimos pela nossa própria caminhada de ascensão.

O coração seco de amorosidade e afeto dói muito, e isso chegará a um ponto no qual será necessário um pedido de socorro. A amargura é a lepra da alma, que recebeu de Jesus, desde Sua época, uma atenção especial, dizendo: *limpai os leprosos.*

Espíritos socorristas ligados ao coração do Mestre estendem as mãos, e seus diversos recursos, em favor de corações tombados na amargura. Os amargurados são alvos da atenção dos servidores da luz porque a amargura é considerada pesada prova e comportamento doentio grave nos códigos espirituais; trata-se de uma calamidade na alma que consome o corpo, os pensamentos e os sentimentos.

Somente com acolhimento e docilidade, compreensão e muita bondade, tais corações serão tocados nas fibras mais escondidas de sua sensibilidade.

E os médiuns devem ter muito interesse por esse tema. O terreno mental dos médiuns é um solo fértil para as sementes do azedume e da apatia.

Médiuns com Jesus, coloquem como alvo de suas metas morais: a leveza, a alegria e a serenidade; sejam fontes fortes e eficazes de proteção contra a acidez da aspereza emocional.

18

> Leveza interior, a proteção dos médiuns

"Revesti-vos de toda a armadura de Deus, para poderdes permanecer firmes contra as ciladas do Diabo; (...)"

Efésios, 6:11

Os médiuns sabem bem o que significa um estado de confusão mental. Devido à sensibilidade da mediunidade, raramente conseguem se manter livres dos chamados pesos mentais adicionais, que vêm de todos os campos invisíveis, com os quais interagem por 24 horas.

Só mesmo a construção progressiva de uma identidade espiritual resistente, e com base em valores morais e espirituais dignos, permite-lhes um clima emocional de equilíbrio e lucidez para se resguardarem de tantos estímulos exteriores.

O estado de leveza interna é uma fonte de segurança contra várias espécies de sombra.

Sermos leves é caminharmos de braços dados com o programa de Deus que está arquivado na consciência desde a nossa criação. É se desagarrar do ego e dar as mãos para a sua alma.

A leveza é sentida sempre que estamos na direção que corresponde aos anseios programados nos registros da centelha divina: atitudes de acordo com a lei de Deus. Leveza nos coloca em sintoma com aquilo que procuramos de melhor na vida.

Quando conseguimos nos manter serenos, confiantes e otimistas, mesmo se tomados de assalto pelas provas da vida, manifestamos nossa leveza. A serenidade resulta de não aumentarmos a aflição mental em querer fazer mais do que conseguimos.

A confiança vem da aceitação de que muitas coisas não dependem de nós, elas têm que acontecer. O otimismo é um efeito da nossa mente, que se organiza perante as ameaças do caos externo, buscando manter a lucidez e a criatividade para encontrarmos soluções.

Sempre perdemos a leveza quando desejamos impressionar, passar uma imagem diferente daquilo que realmente somos; e ainda alimentamos uma falsa autoimagem. Ao desejarmos ser admirados, nutrimos o pesar interno, a vida tensa, e sofremos com a loucura silenciosa que nos destrói por dentro, enquanto impressionamos multidões por fora.

A leveza é a fotografia da nossa autenticidade, uma imagem real de quando extraímos de nosso ser o melhor que temos. Essa realidade cria condições para a quietude interior e conquista a manifestação do programa existencial criado para cada um de nós.

Nada tem mais valor neste planeta de provas do que nos aceitarmos como somos, sem recriminações que inferiorizam e sem julgamentos condenatórios. Assim, podemos fazer as pazes com nossas próprias imperfeições sem cair no comodismo improdutivo, acolhendo, com muita generosidade, nossa realidade; e, quando pudermos, procurando nos melhorar moral e espiritualmente.

A criação dessa relação pacífica e generosa com nossa sombra é o mapa que nos orienta para esse equilíbrio de forças geradoras de leveza e serenidade.

Isso significa adotarmos as seguintes atitudes:

- Entender e aceitar que qualquer mudança leva tempo para se concretizar e que será necessária uma ética de paciência conosco;
- Entender e aceitar que críticas são poderosas fontes de informações a nos indicar os caminhos de aperfeiçoamento;
- Entender e aceitar que só o fato de desejarmos melhorar já é um avanço considerável em nossa evolução. Muitos de nós queremos a perfeição imediata e desconsideramos a nobre conquista da perseverança em avançar.

Em síntese, o amor que devotamos a nós mesmos é gerador de brandura, docilidade, coragem e motivação para superar as lutas do caminho.

Leveza, nessa ótica, é o selo de comprovação do quanto nos tratamos bem e de como nos relacionamos conosco mesmos com amorosidade.

Leveza traz serenidade, e a serenidade guarda o médium na lucidez, na atenção plena, no estado de cuidado e vigilância com os constantes ataques energéticos e espirituais de sua vida. Por isso, faz-se necessário seguir o alerta de Paulo:

> *Revesti-vos de toda a armadura de Deus, para poderdes permanecer firmes contra as ciladas do diabo.* Ressaltando aqui que esse diabo reflete as imperfeições que ainda carregamos em nós.[41]

Manter-se no clima emocional da serenidade é uma medida de vigilância, uma armadura contra as ciladas das nossas desordens internas. Com fé em Deus, na Sua atuação constante e em nós mesmos, acenderemos um farol em noite escura.

Os médiuns com Jesus sentirão a força que existe em todo aquele que sabe guardar os tesouros da pacificação e da brandura no seu próprio coração.

---

41 Efésios 6:11-18

19

> ## Obsessões entre encarnados e o desalinhamento do corpo mental inferior

"Será indispensável o sono do corpo, para que o espírito apareça noutros lugares?

A alma pode dividir-se, quando se sinta atraída para lugar diferente daquele onde se acha seu corpo. Pode acontecer que o corpo não se ache adormecido, se bem que isto seja muito raro; mas, em todo caso, não se encontrará num estado perfeitamente normal; será sempre um estado mais ou menos extático.

Nota. A alma não se divide, no sentido literal do termo: irradia-se para diversos lados e pode, assim, se manifestar em muitos pontos, sem se fracionar. Dá-se o que se dá com a luz, que pode se refletir simultaneamente em muitos espelhos."

O livro dos médiuns. Capítulo 7, item 119, pergunta 3

Embora a mediunidade seja uma ponte entre encarnados e desencarnados, o fenômeno de imantar corpos sutis alheios não é tão raro como se possa pensar. Não é uma possibilidade exclusiva dos médiuns, embora a faculdade mediúnica permita maior expansibilidade, atração e contração desse corpo.

Assim, uma vivência que ocorre a alguns médiuns é a atração de corpos mentais inferiores de outras pessoas. Uma experiência, quase sempre, sacrificial e penosa.

Os médiuns são imantadores e irradiadores por natureza, em função da força mediúnica; tanto captam quanto emitem, com mais facilidade, as energias vibracionais que os cercam.

Os espiritualistas destacam a forte e prejudicial influência de obsessores desencarnados sobre encarnados, enfocando, com uma quase exclusividade, a origem das perturbações mentais de muitas pessoas que estejam sob essa possível atuação espiritual. Mas é necessário destacar que a força da mente dos próprios encarnados sobre encarnados também causa influências que é determinante em muitos casos. Ressaltamos, nesse capítulo, a presença e até a influenciação do corpo mental de uma pessoa sobre outra.

Não será exagero afirmar que existem mais obsessões entre os encarnados na matéria do que as clássicas obsessões de entidades espirituais.

Quanto mais poder mental e moral os encarnados desenvolvem, mais se imunizam dessa ocorrência, que tem componentes espontâneos e naturais, não sendo um episódio que os acomete somente em função de falta de vigilância ou descuidos com a conduta.

A influenciação de corpos mentais inferiores obedece a leis que extrapolam a conhecida sintonia mediúnica. Corpos se comunicam por necessidade de energia, por identidade de interesses e, por vezes, em função de assistência espiritual planejada.

Alguns médiuns têm mais facilidade do que quaisquer outras pessoas de captar o Corpo Mental Inferior (CMI) alheio; mas também de se proteger de suas influências.

Por falta de vivência ou de informações, muitos atribuem às entidades espirituais essas aproximações. No entanto, podemos estar num ambiente de trabalho sob forte atuação do CMI de um colega cuja energia reflita o seu sofrimento intenso, ou mesmo percebermos o sentimento de simpatia ou antipatia que ele tem a nosso respeito; ou ainda ele pode estar buscando algum tipo de socorro.

Tomar conhecimento da possível presença de corpos mentais pertencentes a outras pessoas é um aprendizado em desenvolvimento para conseguirmos devolver ao outro o que lhe pertence na origem; ou ainda para entender as razões de esse movimento estar sendo feito em nossa própria direção, fazendo o que for possível, então, no campo da ajuda.

É de grande valor estudar as motivações[42] desses laços, para saber quais fatores podem ocasionar essa imantação energética. Que portas mentais são abertas para essa ocorrência, levando em consideração que:

> *A alma pode dividir-se, quando se sinta atraída para lugar diferente daquele onde se acha seu corpo.*[43]

---

42 Os estudos dessas motivações que levam ao deslocamento do CMI são variados e envolvem sentimentos, pensamentos e comportamentos, tais como: mágoa, controle, possessividade, ódio, rituais de magia, preocupação excessiva com a vida alheia, inveja, entre outros. (N.E.)

43 *O livro dos médiuns.*

A culpa é a maior desalinhadora de CMI. Estados interiores de culpa estabelecem um verdadeiro deslocamento do CMI desse corpo. Há uma divisão, uma fragmentação de corpos nesse contexto. A culpa atua em todo complexo humano: físico, etérico, astral e mental inferior.

Existe uma energia de culpa em torno da aura do planeta que favorece ainda mais essa projeção para fora. Pela clarividência, é perceptível como ela empurra esse corpo para fora[44], criando um mal-estar mental imediato, deixando as pessoas atordoadas sem entenderem o motivo de tão inesperadas alterações emocionais.

Tudo começa com uma inquietude, uma vontade de identificar mentalmente o que está incomodando, e não consegue, gerando um estado de confusão mental. Em verdade, o que acontece é que o CMI está dissociado, desacoplado dos demais corpos e fazendo registros de frequências que não pertencem ao médium ou à pessoa a quem teve seu CMI projetado.

A fé, por sua vez, é a maior alinhadora de CMI. O cultivo do sentimento de confiança em Deus e em si próprio, e nas suas próprias aspirações de crescimento, permitem uma harmonia nos corpos sutis e um equilíbrio na interação desse agregado de corpos.

O acoplamento do CMI depende muito da habilidade mental e do autoconhecimento profundo de si mesmo.

---

44 Esta informação foi mantida na íntegra em respeito à possibilidade de estarmos diante de uma revelação neste assunto. (N.E.)

Existem, sim, algumas técnicas[45] em alguns chacras que podem reverter esse quadro.

> *Pode acontecer que o corpo não se ache adormecido, se bem seja isto muito raro; mas, em todo caso, não se encontrará num estado perfeitamente normal; será sempre um estado mais ou menos extático.*

Esse estado extático, explicitado acima por Allan Kardec, é o que mais acontece atualmente em função da psicosfera planetária encharcada de matéria mental densa e hipnótica, enfermiça e destrutiva.

O estudo desse tema ampliará em muito o entendimento e a real capacidade perceptiva dos médiuns. Essas singelas considerações, sobre esse tema, visam somente estimular a pesquisa e aprofundar os estudos. A mediunidade ganha uma nova ótica sob a ponto de vista do desalinhamento e da fragmentação do CMI.

---

45 Essas técnicas são de domínio dos espíritos, que as aplicam nas reuniões de amparo a encarnados e desencarnados. Estão basicamente vinculadas ao alinhamento dos chacras e corpos sutis (Nota do médium).

20

> "Todos somos chamados para a santificação"

"Porque Deus não nos chamou para a imundícia, mas para a santificação."

I Tessalonicenses, 4:7

Muitos dos sinceros seguidores do bem e da mensagem cristã imaginam que algumas dores emocionais, como a dúvida, a angústia e o desânimo, são imperfeições que eles não deveriam sentir; como se produzissem essas dores por fraqueza ou descuido moral.

No entanto, tais dores emocionais podem ser um grito da alma sinalizando-nos uma mudança na trajetória; um apelo à coragem para seguirmos nosso caminho individual sem nos escravizarmos pelas opiniões alheias e por nossos próprios preconceitos.

Na caminhada do crescimento espiritual, todos nós experimentamos dúvidas, angústias e desânimo.

Cuidado para não confundir a dor do crescimento com a dor das enfermidades:

- A primeira é um impulso gerado pela vontade ativa no bem e no desejo sincero de ser alguém melhor;
- A segunda, originada na acomodação e na ilusão, é destrutiva.

Onde supomos que existam o mal e a queda nos sentimentos, pode se manifestar o nosso mapa pessoal para Deus, o caminho único para a verdadeira alegria e a felicidade, nosso renascimento para uma vida mais plena e curativa.

Dores emocionais são sinais que nos alertam sobre destinos promissores. O que falta é aprender a interpretá-los e transformá-los em processos de cura:

- A **dúvida** sadia leva à interiorização e ao aumento de discernimento; ela promove um refinamento do senso de avaliação a respeito daquilo que é essencial para o nosso aprendizado;
- A **angústia** é um alerta seguro sobre os processos internos que envelheceram na alma e que nos sufocam; ela provoca a inteligência em direção ao autoconhecimento;
- O **desânimo** serve para olhar, com mais atenção, a própria fragilidade; ela ajuda a reconhecer os limites e a examinar os cuidados, para não confundirmos desânimo com fracasso.

Dores necessárias, e não indícios de fraqueza.

A melhoria espiritual é como uma faxina que também limpa o que não nos serve mais, e essas dores atingem o corpo físico com descargas tóxicas necessárias.

Quando realizamos transformações verdadeiras no mundo interno e na forma de ser, muito provavelmente os chacras e todo o nosso organismo energético vão reagir a essas mudanças significativas e gerar alguns reflexos desconfortáveis.

Esses reflexos são faxinas e desintoxicações de energias que foram agregadas em função do estilo antigo de sentir e de viver. A algumas pessoas isso acontece durante a mudança, e a outras ocorre algum tempo depois ou muito tempo depois.

Em algum instante, o nosso sistema energético vai realizar uma depuração, enviando para o corpo uma descarga tóxica. Esse processo poderá se expressar em alguns quadros simples ou um pouco mais complexos, tais como: diarreias, alergias, mudanças bruscas seguidas de dores nos ciclos menstruais, enxaqueca periódica, infecções intermitentes, cistos, e várias outras doenças envolvendo o sistema epidérmico e glândulas endócrinas.

Todos esses efeitos são acompanhados das dores emocionais da dúvida, da angústia e do desânimo, que são dores do crescimento e que podem vir acompanhadas de expurgos orgânicos.

No processo do autoconhecimento é muito importante conhecer bem a relação entre o corpo físico e o que acontece com ele diante das mudanças internas e prestar atenção no que essas mudanças fazem conosco:

> *Porque Deus não nos chamou para a imundícia, mas para a santificação.*[46]

Fomos todos chamados para a glória e a ascensão. Mesmo nos momentos tenebrosos de dúvida, angústia e

---

46 1 Tessalonicenses 4:7

desânimo, seguimos para a santificação de nós mesmos. Nada é impuro. Nada é declínio. Caminhamos para cima e para Deus sempre.

21

> *Os médiuns são aprendizes, e não seres iluminados e redimidos*

"Médiuns devotados: os que compreendem que o verdadeiro médium tem uma missão a cumprir e deve, quando necessário, sacrificar gostos, hábitos, prazeres, tempo e mesmo interesses materiais ao bem dos outros."

O livro dos médiuns. Capítulo 16, item 197

As missões espirituais com a mediunidade são planejadas na vida espiritual antes mesmo do renascimento na vida corporal.

Existem médiuns com missões coletivas junto à sociedade; outros com tarefas definidas para comunidades restritas; e há aqueles cuja responsabilidade é atuar em grupos espirituais específicos.

Esses encargos, ainda que definidos antes da reencarnação, estão subordinados ao rumo de experiências que o próprio médium vai escolher ao longo de sua existência. Não existe uma predestinação fatalista quanto ao fato de se atingir o que foi planejado. A maioria se extravia dos planos, alguns nem mesmo chegam perto do que seria de se esperar.

A ilusão nesse terreno confunde boa parte dos servidores. Alguns acreditam que sua missão seja organizar obras sociais, psicografar, palestrar, dirigir centro espírita, desenvolver mediunidade, esclarecer os espíritos sofredores, entre outros tantos trabalhos, enfim! Várias miragens tomam as mentes de aprendizes a esse respeito.

Sim! Tudo isso pode ser instrumento de nossas missões, um material didático de aprendizado, embora a missão essencial de todo ser humano seja desenvolver sua consciência para alcançar a redenção espiritual.

Alçar voos nas realizações exteriores sem a ascensão interior dos sentimentos e sem a automoralização é ajudar o próximo nos serviços do bem e deixar a emergência de sua própria libertação em segundo plano.

A missão de todo médium é aprender a ter paz na vida. Servir aos espíritos, mas aprender a servir, igualmente, aos seus irmãos na vida material. Por tabela, o médium atende às suas próprias necessidades e trata delas.

Na falta de uma visão mais madura do tema, muitos se entregam à atividade mediúnica como a um corretivo e resgate de faltas de outras vidas. Com essa visão sombria, carregam a mediunidade como quem carrega um fardo; assim, todas as lutas travadas são olhadas pelo prisma da obsessão e da lei de causa e efeito. Alguns fogem do contato social, que lhes é motivo de desespero, para realizar obras de caridade e ação no bem, vivendo uma vida monástica[47] que nem sempre cura seus padecimentos e suas tormentas internas.

Sua missão é encontrar no amor a maior razão para viver. Retirar das rochas do egoísmo o diamante do amor. É muita ilusão achar que ter o material didático

---

47 Que se relaciona com o gênero de vida dos monges.

da mediunidade é mais importante do que o sublime sentimento de amar.

Os umbrais astrais estão repletos, em desdobramento espiritual, de alunos encarnados aplicados ao dever nas tarefas da doutrina. Entretanto, a meta primordial é que desenvolvam as asas de amor para conquistar os voos infinitos na direção da cura e da libertação.

Os círculos de espiritualização estão repletos de pessoas devotadas, empenhadas em serem úteis ao semelhante, em dirigirem obras e em realizarem grandes feitos espirituais. Mas, lamentavelmente, muitos se encontram amargurados pelo veneno do mau humor, da desilusão consigo mesmos, inconformados, e não conseguem um momento de alegria. Estão secos afetivamente, profundamente sofridos na alma.

Nossa missão não está fora; ao contrário, está dentro de nós, em nossos relacionamentos, e não em nossas tarefas sociais e espirituais. Os trabalhadores devotados são os que:

> compreendem que o verdadeiro médium tem uma missão a cumprir e deve, quando necessário, sacrificar gostos, hábitos, prazeres, tempo e mesmo interesses materiais ao bem dos outros.[48]

Os médiuns com Jesus sabem que suas missões essenciais permanecem com eles mesmos; com o

---

48 *O livro dos médiuns.*

aperfeiçoamento pessoal à luz do Evangelho e da iluminação espiritual.

Esforcemo-nos por um novo mundo de concepções, onde mediunidade seja uma bênção, e não uma prova. Por um mundo onde ser médium seja visto como ser um aprendiz, e não como um ser iluminado e redimido.

22

"O ponto de partida
da reforma íntima"

"Todas as imperfeições morais são portas abertas ao acesso dos maus espíritos. A porta que, porém, eles exploram com mais habilidade é o orgulho, porque é a que a criatura menos confessa a si mesma.

O orgulho tem perdido muitos médiuns dotados das mais belas faculdades e que, se não fosse essa imperfeição, poderiam se tornar instrumentos notáveis e muito úteis, à medida que ao serem presas de espíritos mentirosos, suas faculdades se corrompem e aniquilam e mais de um médium se vê humilhado por decepções muito amargas."

O livro dos médiuns. Capítulo 20, item 228

Desejar que a evolução espiritual seja feita sem educação emocional é querer entrar em uma casa pelo telhado.

Se não soubermos dar nome à emoção que nos tortura, se não compreendermos a função iluminativa dessa emoção, se não reconhecermos a necessidade de orientação e apoio, faremos uma evolução espiritual com base apenas na contenção e na vigilância do pelotão de emoções que assombram nossa vida.

Não existem emoções ruins ou negativas, o que existe é desconhecimento e falta de habilidade em saber o que fazer com o que acontece em seu cosmo emocional; ou seja, de não saber identificar o recado positivo de cada uma dessas emoções.

O sistema das emoções foi criado por Deus para aprendizado e aprimoramento. O sofrimento é causado pela nossa ignorância de como lidar com elas e pela indiferença diante dos seus processos internos que movimentam os sentimentos, os pensamentos e as atitudes.

Fazer a reforma íntima somente por meio da aquisição de conhecimento e da participação nas atividades espirituais é uma pequena parte do caminho da iluminação espiritual.

A Educação emocional (ED) tem três componentes libertadores:

- **Honestidade Emocional** (HE): reconhecer a emoção e dar-lhe nome;
- **Transformação Emocional** (TE): saber reorientar seus vetores de dor, as chamadas emoções tóxicas;
- **Saúde Emocional** (SE): uma interação consciente com todo o seu mundo emotivo, diluindo todo conflito e gerando equilíbrio.

Portanto:

$$ED = HE + TE + SE$$

A reforma íntima sem essas atitudes é martírio e tormenta. A dor da dissimulação surge nesse limite, porque não nos aprofundamos até às raízes dos desequilíbrios e permanecemos na superfície deles, mantendo capas que encobrem nossa realidade e são molduras padronizadas de comportamento. Todo esse comportamento é uma mudança mais acentuada na forma de pensar, e que não é seguida pela mudança na forma de sentir e agir.

É necessário um triangulo de forças. Na base, o conhecimento + os relacionamentos sadios. E, no ápice, a cura emocional como um efeito da iluminação interior.

Cura emocional = Iluminação interior

Relacionamentos sadios**Conhecimento**

Com conhecimento, a criatura se motiva a avançar e ser alguém melhor. Entende um pouco mais de si próprio. Porém, são nos relacionamentos que se operam as verdadeiras transformações. Criar relacionamentos sadios tanto quanto possível é a meta para alcançar, por fim, a cura emocional.

Todas as religiões e comunidades que aspiram o progresso espiritual necessitam eleger, como tema central, a educação emocional para relacionamentos sadios. É esse o campo de cura real e efetivo para todos os que abraçam, com sinceridade, os propósitos de evolução da alma para Deus.

Centrados nas bases do bem, os relacionamentos sadios, na família ou comunidade, abrirão horizontes de muita motivação para o conhecimento, a criação de laços sadios e a cura espiritual.

> *Todas as imperfeições morais são outras tantas portas abertas ao acesso dos maus Espíritos. A que, porém, eles exploram com mais habilidade é o orgulho, porque é a que a criatura menos confessa a si mesma.*

Diante de um projeto dessa ordem, os médiuns e os colaboradores terão um bom começo, se o tema estiver conectado com a sugestão de Allan Kardec: estudar o orgulho, suas variantes, suas expressões no comportamento e quais são as condutas que um trabalhador e um grupo podem adotar e aplicar diante das ciladas sutis do melindre, do personalismo e de outras manifestações do ego.

Esse é um excelente ponto de partida para a maturidade emocional e a segurança mediúnica. O orgulho é a principal máscara que acoberta a ferida evolutiva da fragilidade.

23

> **Médiuns saneadores e a campanha pela ecologia astral da Terra**

"Porque todos vós sois filhos da luz e filhos do dia; nós não somos da noite nem das trevas; não durmamos, pois, como os demais, antes vigiemos e sejamos sóbrios."

I Tessalonicenses, 5: 5 e 6

Em uma das atividades rotineiras do Hospital Esperança, dona Maria Modesto Cravo foi designada para falar na abertura da "Campanha pela ecologia astral da Terra". Fizemos, assim, os registros e passamos um resumo das ideias da benfeitora.

Filhos do coração, paz e saúde.

Os detritos astrais do planeta estão ácidos, efeito da matéria mental da violência e da insatisfação humana, criando um campo híbrido da energia humana da agressividade.

Essa matéria degenerativa é provocadora de irritação, instabilidade de humor, cansaço crônico ou pontual sem explicação racional, aumento do medo, dilatação da ansiedade, da angústia. É um energizante da tristeza e da desagregação do raciocínio.

É uma matéria que queima e dilacera a aura humana, desestruturando-a como se ela fosse colocada em uma fornalha.

De composição química astral excitante, pode desestabilizar e desorganizar também o duplo etérico, criando nele um inchaço que prejudica seu encaixe no corpo físico. Daí resultam os efeitos nocivos no campo emocional, e até no orgânico, que provocam os sintomas citados.

Ela é mais consumida em ambientes de maior aglomeração, embora existam variáveis inimagináveis no tema. A situação se agrava onde tem muita gente.

Mas não vim aterrorizar, e sim chamar a atenção para os cuidados imunizadores que devem fazer parte de seus hábitos diários:

- Prece;
- Música que cura;
- Conversas mais seletivas;
- E, sobretudo, um programa de preparo íntimo todas as vezes que for ingressar em uma empresa, em um ônibus, em metrô, avenidas, grupos, e até em centros espíritas ou ambientes religiosos em geral; enfim, onde haja multidão.

Resumidamente, nossas estatísticas aqui no mundo espiritual, realizadas em vários ambientes do planeta, demonstram-nos que oito em cada dez pessoas ajudam a produzir essa acidez nos climas astrais e nos ambientes onde convivem e sobrevivem.

Estamos mesmo em uma campanha no mundo astral mais próximo à Terra, para implantar no planeta a faxina mental, as condutas de higiene dos pensamentos, o jejum, a meditação e os encontros que visem elevar o tônus vibracional dos ambientes, que são cuidados essenciais com a ecologia astral da nossa casa planetária.

Deus nos proteja a todos nessa campanha do bem!

Eu, Maria Modesto Cravo,
abraço-os com carinho e amor.

A ocasião nos trouxe ao pensamento a missão dos médiuns saneadores, aqueles cuja tarefa é a de organizarem condições mentais e morais para atuarem como transformadores ambientais. Tarefa de sanear cargas energeticamente densas das auras de pessoas ou ambientes e transmutá-las.

O médium saneador é um apreciador da oração, da conduta meditativa, da rigorosa seletividade com os pensamentos em sua rotina. É alguém que, por esforço e disciplina, mantém-se acima da média dos climas vibratórios, podendo ser muito útil na condição de um faxineiro astral. Mas a necessidade dessa conduta se aplica a todos:

> *Porque todos vós sois filhos da luz e filhos do dia; nós não somos da noite nem das trevas; não durmamos, pois, como os demais, antes vigiemos e sejamos sóbrios.*[49]

---

49 1 Tessalonicenses 5:5

A sobriedade define o saneador no desempenho de sua tarefa. É alguém que se mantém em níveis vibratórios acima da média. Isso não significa que seja um iluminado ou santificado. É simplesmente alguém que zela, com mais atenção, pelo seu estado interior, resguardando-se das intempéries e alternâncias viciantes que provocam um sono hipnótico na vida mental, o que limita as percepções em volta de si mesmo.

24

"A função educativa da vaidade"

"Médiuns orgulhosos: os que se envaidecem das comunicações que lhes são dadas; julgam que nada mais têm que aprender no Espiritismo e não tomam para si as lições que recebem frequentemente dos espíritos. Não se contentam com as faculdades que possuem, querem tê-las todas."

O livro dos médiuns. Capítulo 16, Item 196

A vaidade é um caminho para o amor-próprio e, quando submetida à dignidade de existirmos como filhos de Deus, pode ter um princípio curador, e não quando estimulada pelo ego insuflado. Quando direcionada para a construção de valores na alma, como alegria, reconhecimento e autoestima, é uma emoção sistêmica[50], e sua função é ser uma zeladora da autoimagem e do autoconceito. Ela é fundamental na manutenção da autoestima e do amor-próprio.

A vaidade só produz desequilíbrio quando usada pelo ego para sustentar uma fantasia de grandeza e de orgulho que nos afasta da autenticidade.

Só é possível fazer uso apropriado da vaidade estabelecendo um contato consciente com suas manifestações. Evitá-la, jogá-la para baixo do tapete do inconsciente pode trazer muitos prejuízos ao amadurecimento emocional.

Nas comunidades religiosas, a vaidade é tratada como pecado capital e deve ser desprezada a todo custo. No que

---

50 Emoção sistêmica é aquela que está conectada com vários sentimentos e pode atuar na intimidade do ser de diversas formas. (N.E.)

diz respeito aos ambientes espíritas, a cultura de evitar elogios, conceituando-os como caminho para a obsessão, e o fato de não bater palmas para não envaidecer, entre outras formas de entendimento, afastaram os aprendizes de saber lidar conscientemente com a vaidade.

Na verdade, esses cuidados são fugas, maneiras imaturas de conviver com o sombrio. Mais adequado que isso é identificar tudo sobre as armadilhas envaidecedoras do ego; ou seja, quando e como o egoas utiliza para nos jogar nos braços do orgulho e da ilusão a respeito de quem somos verdadeiramente.

Melhor seria usar os elogios sinceros, que incentivam e não alimentam a purpurina do individualismo.

Rejeitar a vaidade que temos não a diminui nem a transforma. O efeito disso é uma falsa modéstia, que é o caminho mais rápido para a falsidade. Ao evitarmos contato, ela se fortalece e assume máscaras extremamente prejudiciais.

Olhemos de frente para a nossa vaidade, ela pode ser muito útil. Se não sabemos o que fazer com ela, comecemos por entender que ela só aparece diante de alguém ou de algum assunto em contextos nos quais não nos sentimos valorosos o bastante. Ela vem para suprir nossa sensação de desvalor, para dizer o que nos coloca abaixo do que merecemos, para regular a autoimagem.

Com raríssimas exceções e em função da acentuada fragilidade, os médiuns já renascem com elevado percentual de vaidade. Fato é que, por esse motivo, necessitam ter muito cuidado e atenção para entenderem a função curadora da vaidade.

Mais uma razão para estudos aprofundados sobre a temática do orgulho, que agrega temas como o melindre, a mágoa, o narcisismo, a lisonja e assuntos que envolvem o sentimento de amor-próprio.

O medo que temos da vaidade é o combustível para ela se fortalecer. Precisamos encará-la e expressar o sincero desejo de fazer uma conexão com ela, submetê-la amorosamente à nossa consciência e examinar como pode nos ser muito útil. Sempre vamos ganhar com essa relação amorosa, ao contrário da situação em que:

> *julgam que nada mais têm que aprender no Espiritismo e não tomam para si as lições que recebem frequentemente dos espíritos.*[51]

É tão urgente o estudo do orgulho e da vaidade, que não seria exagero dizer que entender esse tema é resguardar não somente o médium, mas também os grupos de trabalho, das quedas mais conhecidas e lamentáveis que acontecem desde o surgimento do Espiritismo até os dias de hoje. Médiuns valorosos tombaram em seus tentáculos por não reconhecer as artimanhas do orgulho e da vaidade.

Uma vaidade reconhecida e iluminada pela consciência de responsabilidade é uma emoção motivacional da

---

51 *O livro dos médiuns.*

estima e uma força para continuar os projetos de amor com humildade. A humildade nasce de um contato sadio e maduro com a própria vaidade.

25

> **Magia, relacionamentos e aura coletiva de grupos**

"O mesmo acontece com um homem que tenha de falar perante uma assembleia: se sente que todos os pensamentos lhes são simpáticos e benévolos, a impressão que recebe reage sobre as suas próprias ideias e lhes dá mais vivacidade. A unanimidade desse concurso exerce sobre ele uma espécie de ação magnética que lhe decuplica os recursos, ao passo que a indiferença, ou a hostilidade o perturbam e paralisam. É assim que os aplausos eletrizam os atores."

O livro dos médiuns. Capítulo 29, Item 331

O estudo dos campos de força invisíveis dos relacionamentos revela surpreendente realidade sobre como somos influenciados e influenciamos uns aos outros.

Laços energéticos determinantes são tecidos na convivência e, quando o assunto envolve um grupo de trabalho espiritual, existe uma aura coletiva nessa equipe, na qual se refletem e são gerados elos asfixiantes ou asas libertadoras de ascensão. Esse emaranhado de campos energéticos tem vida própria, forma uma teia vibratória, é a egrégora dessa equipe.

Vamos narrar um episódio bastante frequente para ilustrar nossas considerações sobre a aura coletiva de um grupo.

Uma senhora resolveu se desligar de um grupo espírita em que seus membros diretores apresentavam uma conduta desrespeitosa e um autoritarismo envernizado pela iluminação espiritual e pelos direitos de quem já possui mais experiência e conhecimento.

Essa senhora tomou conhecimento, e tinha como provar, do uso abusivo de valores monetários expressivos pertencentes à casa de caridade e de que vinham sendo desviados pelos membros da administração.

Ao comunicar sua decisão, passou a ser malvista e rotulada como obsidiada, recebendo ofensas verbais que davam a entender que sua vida seria travada dali em diante. Tais julgamentos a aterrorizaram ainda mais, criando uma indisposição maior com a equipe.

Afastou-se decidida e, durante 15 dias, sentiu sua vida mental desorganizar-se a tal ponto, que passou a ter dificuldade até para dormir. Chegou a pensar em recorrer a um psiquiatra. No entanto, após 15 dias, a tensão aliviou-se e tudo se acalmou.

Ela não tomou conhecimento do que verdadeiramente aconteceu, mas a equipe espiritual de benfeitores daquela casa nos relatou a verdade.

Temendo graves acontecimentos e até mesmo a possibilidade de um processo envolvendo aspectos jurídicos, os diretores organizaram uma corrente de orações para a senhora durante aqueles 15 dias, que foi realizada, sistematicamente, pelos participantes do grupo que com ela trabalhavam.

As orações consistiam em tocar-lhe o coração sob a seguinte perspectiva: "Pedimos, Senhor, por essa pessoa, que tem sua mente atordoada e está abandonando sua tarefa no bem. Pedimos, com todo desejo, que ela volte ao grupo e reconheça sua fragilidade e falta de vigilância. Assim seja".

Não há outro nome para esse movimento de forças: um feitiço.

O conteúdo da tal oração consistia em um campo vibratório opressor que atingia em cheio a mente da senhora durante aqueles 15 dias, confundindo-a mentalmente. A ação reunia todos os ingredientes próprios da magia: intenção + força mental + alvo + ativação de registros cármicos + serviçais desencarnados envolvidos com os diretores da casa.

Este é o nome desse sistema: Magia da aura coletiva de grupos.

Em muitos desses casos, sequer existe a necessidade do ato magístico[52]. A rede de forças existentes em tais contextos, por si só, é suficiente para gerar, em todo o conjunto, as mais perigosas dificuldades, especialmente naqueles que resolvem confrontar os pontos sombrios existentes nas equipes.

Mais uma perspectiva de estudo que pode ampliar em muito as noções sobre o impacto da vida invisível na vida de relacionamentos:

---

52 Ato que envolve a prática da magia.

> *O mesmo acontece com um homem que tenha de falar perante uma assembleia: se sente que todos os pensamentos lhes são simpáticos e benévolos, a impressão que recebe reage sobre as suas próprias ideias e lhes dá mais vivacidade. A unanimidade desse concurso exerce sobre ele uma espécie de ação magnética que lhe decuplica os recursos, ao passo que a indiferença, ou a hostilidade o perturbam e paralisam. É assim que os aplausos eletrizam os atores.*

Aquela oração, repleta de culpa e medo, produziu um fenômeno do magnetismo que alcança a mesma via da feitiçaria, pois tinha todos os ingredientes da magia presentes no acontecimento. Os cordões energéticos entre membros de um mesmo grupo.

A avaliação sincera sobre a importância de preservação da identidade pessoal em equipes é muito necessária. O tema alcança o estudo aprofundado da ferida evolutiva da fragilidade, sob os domínios de corações bondosos e bem-intencionados se embaraçam energeticamente com egrégoras destrutivas e tóxicas.

Temos muitas e profundas reflexões a serem feitas e recomendamos, para tal, o estudo do capítulo 29 de *O livro dos médiuns*, "Das Reuniões e das Sociedades Espíritas".

26

> Um alerta
> aos obreiros no
> mundo físico

"Então eles lhe disseram: Não temos aqui senão cinco pães e dois peixes. E ele disse: trazei-mos aqui."

Mateus, 14: 17 e 18

Os espíritas desencarnados que, quando encarnados, fundaram grandes obras sociais e deixaram importantes programas de estudo ou casas doutrinárias no plano físico estão juntos aos médiuns que enviam uma mensagem de alerta aos continuadores de suas obras.

Eles manifestam, com profundo pesar, o arrependimento de não terem incentivado a seus colaboradores atitudes e iniciativas de desprendimento e humildade.

Muitos deles nos falam da importância de nos tornarmos desnecessários nos trabalhos que participamos e também lamentam terem usado a obra para satisfação do interesse pessoal.

Não são trabalhadores desonestos ou mal-intencionados, pois possuem bom coração e elevado desejo de melhora. Caíram nas garras da vaidade, nas ciladas inteligentes da institucionalização de programas que tornaram muito rígidos os padrões de conhecimento, estimulando julgamentos e preconceitos nas sociedades sob o amparo do Espiritismo.

A proposta de reflexão desses queridos corações amigos é oportuna e urgente. Quando temos uma atração e um sentimento de posse muito apegado com aquilo que criamos nas atividades da espiritualização, é hora de colocar a mão na consciência.

Não somos mais importantes que a obra do Cristo. Somos colaboradores.

Esses amigos do Além nos prestam enorme contribuição com seus testemunhos. Alguns até já conseguiram enviar o alerta ao mundo físico.

Que Deus os proteja em suas angústias e abra o coração e os olhos de todos nós ao recado do qual são portadores: que seus continuadores desenvolvam o hábito do desprendimento.

A obra é nossa colaboração. A abnegação é nosso dever perante os serviços abençoados a que todos somos chamados.

Ofereçamos uma migalha que seja, por maior que se trate o conjunto das necessidades e iniciativas no bem:

Não temos aqui senão cinco pães e dois peixes. E ele disse: trazei-mos aqui.[53]

Quem multiplica as bênçãos é o Senhor da Vinha.

---

53 Mateus 14:17-18

27

> O exercício mediúnico é transmissor de caracteres psíquicos

"Não sabeis que um pouco de fermento leveda a massa toda? Expurgai o fermento velho, para que sejais massa nova, (...)."

I Coríntios, 5: 6 e 7

Mágoa e tristeza são duas forças emocionais capazes de levar a estados internos perturbadores, pois geram muita confusão mental e, por consequência, desorientação nas atitudes. Elas também afastam o corpo mental inferior e produzem uma sensação de perda de controle.

Mágoa e tristeza são duas emoções que podem se resumir a uma palavra: desapontamento. Estado interior decorrente da fragilidade, o desapontamento é, principalmente, a respeito do que o outro é e do que ele faz. Desapontamentos relacionais nos fazem sentir sem controle sobre o outro. Eles são um mecanismo do ego com base no sentimento de poder, um dos mais antigos na escala da evolução humana.

Espíritos que sofrem com as dores da vulnerabilidade escoram-se, repetidamente, na coroa do poder, para dominar, obrigar e impor suas vontades e desejos a outros.

É um vício de personalismo acentuado que se enraizou nos porões da mente e da vida emocional e que hoje traz uma hipersensibilidade ao menor sinal de contrariedade. É o piso para a baixa tolerância às frustrações, seja em nossas relações, seja diante dos acontecimentos.

Sofremos pela ausência do real poder pessoal, que está profundamente ligado à autoestima e que é a mola impulsionadora do interesse pessoal, da motivação e do progresso. É fonte de equilíbrio e sanidade. Sem ele, somos incapazes de sentir a existência e o existir.

No entanto, o poder sem uma educação emocional sólida faz terríveis alianças com o ego, para suprir carências e outros sentimentos mal resolvidos, e transforma-se em ganância, corrupção, disputa, soberba intelectual e narcisismo. Quando as relações adoecem, ele patrocina o desrespeito, a intolerância e a mentira, manifestações de uma profunda crise de egoísmo.

Quando alguém manifesta desagrado com a vida, incapacidade, escassez de motivação para o progresso, está expressando falta de poder pessoal, falta de uma clareza a respeito de sua identidade pessoal e dos propósitos de vida.

Assim surgem, juntos, outros dois sentimentos: decepção e tristeza. A tristeza nasce por tomarmos contato com partes ignoradas ou soterradas em nós mesmos, por desconhecermos quem somos. E a decepção com os outros nasce da nossa velha atitude de nos supormos os donos da verdade, algo que não reconhecemos para nós mesmos de forma nenhuma, a tal ponto que chegamos a odiar quem pensa diferente.

Temor e aflição tomam conta de quem estaciona nessas dores. Uma quebra dolorosa nas ilusões do passado. Além da tristeza por não nos adaptarmos às descobertas sobre nós. Decepção por não podermos nos impor com a mesma facilidade de outros tempos.

Amar é usar o poder com mais sabedoria, para criar algo que colabore e agregue em meio a tanta sombra coletiva. É o maior poder conferido a nós na evolução. O difícil é descobrir como agir com amor em pleno terreno de almas fracassadas, que regressaram ao mesmo espaço reeducativo na matéria, mantendo a postura de exploradores e dominadores.

O exercício da mediunidade guarda laços profundos com o sentimento de poder. A relação com o mundo espiritual superior é diluidora do 'canto da sereia' das tentações de domínio. É o socorro que vem do Mais Alto para gerar novo reflexos de abnegação, pacificação e aceitação dos caminhos de aprendizado. Pelo intercâmbio, é possível recolher o fermento produtor de elevação espiritual que amplia horizontes mentais e emocionais aos servidores.

Por alguns momentos, durante o intercâmbio sadio com os bons espíritos, os médiuns absorvem a legítima fonte de poder do amor que lhes irradia. Essa energia empodera o servidor da mediunidade com confiança, desejo de avançar, realizando uma melhoria espiritual e agregando os valores da fé, da potência, da bondade e da autenticidade. É o fermento das almas nobres, depositado nas engrenagens profundas e sutis da alma de quem se ilumina servindo ao bem. Lembremos sempre:

Não sabeis que um pouco de fermento leveda a massa toda? Expurgai o fermento velho, para que sejais massa nova.[54]

Instantes de contato com seres nobres de outra esfera equivalem a uma transfusão de caracteres psíquicos de alma para alma. Uma contribuição impossível de ser replicada em quaisquer formas de interação de forças no mundo físico. O médium tem seus corpos sutis alinhados e limpos durante a prática mediúnica, recolhendo uma profunda sensação de bem-estar após a tarefa.

Sua alma irradia livremente, levedada pelas forças maiores que o motivam para a luz e para o progresso. Decepção e tristeza transformam-se em vias de redenção, clareadas pela aceitação e pela visão lúcida da existência.

---

54 1 Coríntios 5

28

> "Realidade paralela, a nova tática das trevas para aumentar o suicídio"

"Já dissemos que muito mais graves são as consequências da fascinação. Efetivamente, graças à ilusão que dela decorre, o espírito conduz o indivíduo de quem ele chegou a apoderar-se, como faria com um cego, e pode levá-lo a aceitar as doutrinas mais estranhas, as teorias mais falsas, como se fossem a única expressão da verdade. Ainda mais, pode levá-lo a situações ridículas, comprometedoras e até perigosas."

O livro dos médiuns. Capítulo 23, Item 239

O assistente Ebert Morales[55], com longa bagagem no atendimento a suicidas, enviou preciosa advertência ao mundo físico para cooperar na compreensão dos dramas vividos por muitos daqueles que, infelizmente, rendem-se ao ato de destruir o próprio corpo.

Que sua contribuição possa cooperar na erradicação dos males emocionais e psíquicos e colaborar com a valorização da vida. Vejamos um artigo desse companheiro:

> Durante muito tempo, séculos para ser mais preciso, os suicidas foram usados como escravos, sem terem qualquer consciência disso, para atormentarem outras pessoas na vida física a fim de que cometessem o mesmo ato infeliz. Era um método cruel, desumano e de resultados certeiros, porque a energia do suicida desencarnado exala um halo de morte muito influente, desorientador e quase irresistível.

---

55 Ebert Morales é um assistente no Hospital Esperança, trabalha com Ermance Dufaux e atua muito junto aos suicidas.

Muitos deles tinham donos, ou seja, o obsessor ou as falanges que conseguissem levá-los à tragédia da morte, tornavam-se também seus proprietários. Quadro triste e muito desumano arquitetado pelas infelizes e organizadas falanges do mal no astral. Bastava a simples aproximação de um suicida a alguém que estivesse mentalizando a própria morte para o processo se concretizar, muitas vezes instantaneamente, outras ao longo de certo tempo.

Nas últimas décadas, embora continuem a existir, mudou o cenário dos processos de atuação obsessiva para conduzir pessoas ao suicídio. Graças à iniciativa de várias campanhas de limpeza dos locais astrais onde se aglomeravam milhões de suicidas, esse tipo de exploração diminuiu, no intuito de evitar a escravização para fins cruéis e diabólicos.

Vales foram completamente extintos e transformados em ambientes de socorro e tratamento, restando poucos ambientes astrais que se mantêm como territórios das sombras para a colonização de mentes abatidas pela loucura da morte do próprio corpo físico. No entanto, reduzida a proporção dessa exploração, outros mecanismos de domínio e escravização foram criados por aqueles que ainda insistem na valorização do mal.

A tática é outra. Está em andamento um verdadeiro campeonato[56] pela derrota existencial nos

---

56 Existem promoções hierárquicas para espíritos obsessores que mais levaram pessoas ao suicídio. (Nota do médium)

planos astrais inferiores. Usam agora a realidade paralela. Trabalham com a extrema dificuldade que os humanos possuem de se adaptar ao mundo, e com a inadequação psicológica e emocional deles aos princípios da justiça social, da política e da finalidade da existência. Em função desse piso mental, estimulam uma realidade paralela na mente de quantos apresentam dificuldades em se ajustar à vida e às suas imposições.

São bilhões de almas que renasceram nos últimos 30 anos, vindas dos mais diversos subterrâneos do astral, carregando hábitos, formas de pensar e memórias marcantes adquiridas em outros tempos. Verdadeiros homens da caverna se assim posso me exprimir, relativamente ao que pensam do mundo. Fazem parte de um projeto de limpeza e de reorganização social do astral, embora as formas clandestinas e não orientadas pelos planos do bem continuem a sofrer com o tráfico e com os planejamentos realizados em esferas inferiores no mundo astral.

Tais espíritos, venham de onde vierem, tenham ou não uma assistência espiritual de benfeitores, são escolhidos para renascerem totalmente fora dos padrões mais conhecidos de afinidade e/ou compromisso com os grupos familiares no mundo físico.

A maioria deles, aliás, têm suas reencarnações oferecidas em mercados clandestinos de renascimentos, compostos por grupos de espíritos que negociam com a reencarnação em troca de espalhar ainda mais a mentira, a loucura e a maldade no mundo.

Existem também aqueles que, tutelados por benfeitores do renascimento, retornam ao corpo físico em regimes expiatórios, sem consciência de suas necessidades ou com planejamentos sem muita definição de metas. São avalizados por amigos espirituais e pela família carnal em regime de adoção espiritual, isto é, uma ação que vai além dos critérios mais conhecidos da elaboração de um projeto reencarnatório, visando tirar o espírito do estágio de devaneio mental em que se encontra, relativamente ao tempo[57] e à realidade mental.

Apresentam enorme dificuldade de se ajustar à vida física porque pensam conforme filosofias e ideias de outros momentos da história; encontram nas telas de cinema e nas séries televisivas a inspiração para seu desajuste, criando em sua mente uma ficção paralela a respeito de si mesmos, que nada mais é que uma confusão entre o que vive na vida presente e as recordações de experiências antigas de outras reencarnações, ou até mesmo de sua vida fora da matéria. Uma autêntica realidade paralela em sua vida mental. O suicídio lhes parece um caminho ideal para irem ao encontro dessa 'realidade mental' que não encontram na vida física.

---

57 Os espíritos atormentados que estão encarnados na atualidade e totalmente inadaptados à realidade. Não conseguem se contextualizar com relação à época em que estão, com sua própria identidade e vivem com muito devaneios.

Tais espíritos são facilmente induzidos às mais variáveis formas de devaneio com a vida em razão de sua extrema dificuldade de ajustamento com a realidade. Possuem uma estrutura psíquica frágil e são alvo fácil de influenciação. Sentem-se extremamente vazios de referências e totalmente sensíveis à dor que surge de quaisquer ameaças causadas a eles. Padecem de fascinações graves.

Relacionando esse tema com a realidade vivida pelos médiuns, podemos traçar um caminho para entender o que se passa:

> *Já dissemos que muito mais graves são as consequências da fascinação. Efetivamente, graças à ilusão que dela decorre, o espírito conduz o indivíduo de quem ele chegou a apoderar-se, como faria com um cego, e pode levá-lo a aceitar as doutrinas mais estranhas, as teorias mais falsas, como se fossem a única expressão da verdade. Ainda mais, pode levá-lo a situações ridículas, comprometedoras e até perigosas.*[58]

No futuro, as ciências psíquicas terão que ultrapassar os limites de suas bases focadas exclusivamente nas causas orgânicas para atender esse tipo de doente. Os resultados surgirão à medida que esses profissionais entenderem claramente o que acontece na vida mento-espiritual de seus pacientes, e que serão acompanhados nos desafiadores esforços de melhoria. Esse processo fará

---

58 *O livro dos médiuns.*

com que se construa um clima interior minimamente prazeroso para continuarem com vontade de viver e de avançar nas suas reencarnações.

A medicina terá que integrar suas abordagens e tratamentos às bases do espírito imortal e da obsessão, para aprofundar os conhecimentos em torno dos novos diagnósticos que vão eclodir no planeta nas próximas décadas, em busca de métodos e técnicas que acolham a enfermidade do desajuste e da desadaptação espiritual, perante uma realidade paralela vivida por tais corações.

29

Campos consumidores da energia etérica

"E, tendo eles orado, tremeu o lugar em que estavam reunidos; (...)."

Atos, 4:31

Uma obsessão pode agravar um quadro de ansiedade e depressão, embora não seja a causa dessas dores mentais e emocionais. Podemos considerar a obsessão um fator significativo, cujos cuidados são necessários para apoiar qualquer tratamento de melhores resultados.

A ansiedade e a depressão são transtornos mentais classificáveis na medicina humana e necessitam de avaliação profissional para encaminhamento a um tratamento mais eficaz.

Em boa parte dos casos, as dores emocionais e psíquicas são sintomas de uma vida repleta de ilusões. São doenças milenares da alma.

Essas ilusões sobrecarregam o ser humano com intensas exigências e com ilimitadas expectativas sobre si, o mundo, as pessoas e os acontecimentos. Isso causa muito sofrimento porque esse mecanismo gera cobranças internas sobre o próprio comportamento e mágoas aflitivas ante as frustrações. Exigências transformam-se em cobranças, e expectativas atingem o nível de mágoas profundas, que são caminhos para os desajustes psíquicos.

Cobranças e mágoas podem se converter em ações e atitudes sugadoras. Resumem-se à ilusão em querer ser quem não é, e em querer que os outros sejam quem jamais serão. E, para cumprir com esse roteiro de sombras, consome-se muita energia, acarretando desvitalização energética e vampirismo.

A ansiedade nasce dessa sobrecarga, que esbarra no perfeccionismo desgastante de tentar ser quem a pessoa gostaria de ser, mas ainda não consegue. E, por sua vez, muitos casos de depressão surgem dos rasgos dolorosos no coração, em função das decepções da convivência, que acumulam muita tristeza.

Muita cobrança e muita expectativa. O caminho mais conhecido da ilusão, que leva à enfermidade e à obsessão.

Em meio a esse cenário, surgem os adversários espirituais, que se associam aos níveis de energia emitidos pelo encarnado em sua vida, ampliando bastante um tônus vibratório do desgosto e da infelicidade em quem os atrai.

Nos esconderijos psíquicos dessa matriz emocional, podem ser encontrados quadros tais como:

- Você querendo provar algo a alguém;
- Medo de perder uma oportunidade;
- Falta de noção de seus reais limites de força;
- Incapacidade de avaliar sua competência para executar aquilo que cobra de si mesmo;
- Pressão de pessoas para que você faça o que não quer;

- Decepções frequentes com a forma de ser do outro;
- Muita alternância de humor.

A atitude de autoexigência excessiva destrói o estado mental de equilíbrio e contamina todos os ambientes e as pessoas de sua convivência, que sentem, ainda que inconscientemente, o estado de estresse em que você se encontra; ou, então, acabam sendo também cobrados por nós. É uma tendência, quem cobra muito de si pressiona demais os outros.

Existe uma população 3 a 4 vezes maior de desencarnados que também padecem desses estados mentais. São doentes assim como os encarnados, com a mesma enfermidade e que, por sintonia de dores e necessidades, em algum momento se agrupam. O mundo extrafísico não é um campo astral independente e isento de interação com o plano físico.

Esse cenário cria uma conexão sugadora, que resulta em cansaço, inquietude e efeitos energéticos destruidores que podem ser a causa de doenças orgânicas, além dos efeitos mentais.

É da lei que quem tem algo a oferecer tenha à sua volta a companhia daqueles que precisam mais ainda. Um depressivo encarnado, embora seja alguém em uma condição de extrema necessidade, ainda se encontra melhor que os depressivos que não têm corpo material. Ou seja, uma depressão fora da matéria é infinitamente mais dolorosa e perturbadora. O simples fato de eles se aproximarem, por sintonia, do depressivo encarnado faz que se nutram de algo e se aliviem com as medicações usadas pelo depressivo no corpo físico.

Essas entidades desencarnadas não têm, necessariamente, laços do passado ou estão ali para vingar algo. Simplesmente, são comensais. Compartilham estados íntimos. Os comensais se alimentam de algo que o encarnado está de certo modo oferecendo. Evidentemente, existem benfeitores que exercem um limite e uma organização para esse intercâmbio, para tornar útil esse tipo de vínculo. Mesmo em condições penosas, esse doente encarnado está cooperando com quem tem menos do que ele, fora da matéria.

Conhecemos esse quadro como obsessão intermitente. Podemos também chamá-los de campos energéticos sugadores. Até mesmo quem não tenha elos de afinidade com esse grupo pode, temporariamente, padecer de perda de forças. Uma autêntica anemia de energias etéricas.

São obsessões menos conhecidas pelas avaliações no mundo físico, embora bastante conhecidas e socorridas pelos grupos de assistência do mundo espiritual.

As ilusões que alicerçam esses enlaces espirituais são traços morais decorrentes da fragilidade.

Quando nos cobramos excessivamente, o mecanismo estruturado por trás dessa cobrança é o da tentativa de fortalecimento da autoimagem e de nos convencermos de que temos qualidades que ainda não conquistamos.

Quando se espera demais dos outros, o mecanismo ativado é o velho hábito do egoísmo em desejar estabelecer regras para a vida alheia.

Em ambas as condutas, o espírito se sente vulnerável, frustrado, instável e com acentuadas dores de vazio existencial.

Será necessária uma autoavaliação mais honesta para mudar esses comportamentos tão consumidores e desgastantes, além da oração para pacificação interna, a fim de que raios novos possam espalhar a luminosidade da serenidade, fazendo tremer e renovar toda sombra em volta:

> *E, tendo eles orado, tremeu o lugar em que estavam reunidos.*[59]

O objetivo será viver uma vida com mais leveza, sossego mental e serenidade interior, antídotos ótimos contra a ansiedade e a depressão por exigirmos demais, esperarmos demais.

---

59 Atos 4:31

30

> ## Mediunidade e cura mental

"Este dom de Deus não é concedido ao médium para seu deleite e, ainda menos, para satisfação de suas ambições, mas para o fim da sua melhora espiritual e para dar a conhecer aos homens a verdade."

O livro dos médiuns. Capítulo 17, Item 220, pergunta 3

É inegável que o exercício mediúnico é terapêutico, curativo. O exagero no tema acontece quando se enfoca essa iniciativa como solução para as mais variadas questões da vida pessoal.

Não é a mediunidade que causa tormenta mental. Ao contrário, os que padecem da dor psíquica-emocional recebem-na como remédio saudável.

Não é a mediunidade que causa os problemas da convivência e das dificuldades materiais. Ao contrário, os problemas surgem por descuido, más decisões e outras motivações das vidas passadas e da atual; e a mediunidade bem conduzida pode ser fonte de inspiração e horizonte na solução de tais desafios.

Mediunidade é uma oportunidade, e não um carma. Uma bênção, e não um peso:

Este dom de Deus não é concedido ao médium para seu deleite e, ainda menos, para satisfação de suas ambições, mas para o fim da sua melhora espiritual e para dar a conhecer aos homens a verdade.[60]

---

60 *O livro dos médiuns.*

Mediunidade é canal iluminador de autoconhecimento profundo, permitindo melhor compreensão de suas mazelas e necessidades de aprimoramento.

Depressão, ansiedade, baixa autoestima, estado borderline, pânico e diversas enfermidades psíquicas não são causadas porque alguém possui mediunidade e necessite desenvolvê-la.

Esses quadros psíquicos pertencem a velhos comportamentos do espírito, e a mediunidade pode ser caminho de cura e libertação.

Os médiuns não são doentes por conta da mediunidade. A mediunidade é dada a pessoas doentes.

Seu exercício seguro, bem orientado, colocado a serviço do bem, é uma fonte incomparável de vitalização energética, proteção para a vida mental e estímulo para o avanço moral e espiritual.

A força mediúnica é uma energia divina que agrega valor e força. Seria algo como uma constante fonte de água pura jorrando sobre um pote repleto de impurezas, lavando e eliminando toda sujeira, em ritmo progressivo e lento, à medida que o médium melhora e desenvolve seus valores, sua bagagem de conhecimento e sua experiência espiritual.

A fragilidade é uma dor profunda, e um dos caminhos mais empregados para sua solução é a ampliação da sensibilidade mediúnica, realizada antes do renascimento no corpo físico. Por essa via, os médiuns tomam um tipo de medicação não existente no mundo físico, para amenização de tão dolorosa doença da alma[61].

Renascer médium é manter uma 'carta de assistência' para tratamento intensivo e de longo prazo. À medida que se exercita no avanço de sua melhoria espiritual, colhe os efeitos reconfortantes e ricos de misericórdia que o levam a se sentir mais capaz e confiante em si próprio, sem tombar nos enganos de outrora, quando permitiu a ilusão do ego e do narcisismo.

Conscientes de suas necessidades e do tanto que ainda precisam caminhar para a aquisição da paz definitiva de seu ser e da sua iluminação espiritual, os servidores da mediunidade pautam a vida com mais sabedoria e equilíbrio, tornando-se instrumentos úteis e colaboradores valorosos na tarefa de progresso da própria humanidade.

---

61 "Digamos, antes de tudo, que a mediunidade é inerente a uma disposição orgânica, de que qualquer homem pode ser dotado, como da de ver, de ouvir, de falar. (...) – *O Evangelho segundo o espiritismo*, Capítulo 24, Item 12" e "A faculdade mediúnica é uma propriedade do organismo e não depende das qualidades morais do médium; (...) – *O que é o Espiritismo?* Capítulo 2, item 79".

31

> **O fermento da falsidade na vida emocional**

"Não sabeis que um pouco de fermento leveda a massa toda? Expurgai o fermento velho, para que sejais massa nova, assim como sois sem fermento."

I Coríntios, 5:6 e 7

Artur, médium dedicado nas fileiras do Espiritismo, passava momentos de muita aflição e dor interior. Levado para fora do corpo durante a noite, encontrou-se com Alípio, seu guia espiritual, que o orientava mais de perto a respeito das vivências da mediunidade.

— Querido benfeitor, você sabe o que venho passando. Mesmo com o passar dos anos e com provas evidentes das verdades que vieram pela minha mediunidade, continuo tombando na descrença em minha tarefa. Por vezes, sinto vontade de largar tudo e apenas seguir as orientações da doutrina e do Evangelho de Jesus. Ser médium me pesa demais nos ombros e na consciência. Por caridade, acalme minha mente e meu coração para que eu tome a melhor decisão.

— Irmão amado, seu relato é sincero e legítimo. No entanto, convém distinguir que as dores que lhe sugerem o abandono da tarefa não pertencem ao aprendizado de ser médium. Se bem observar, você as sofre em todas as expressões de sua individualidade na vida. Como pai, como empregado, como vizinho, como marido, enfim... em todos os papéis da existência, o pano de fundo é essa sensação de falsidade. Não será abandonando a tarefa que obterá a solução.

— Isso é muito verdadeiro, Alípio. Sinto-me ainda mais confuso com sua forma de tocar no tema. Aumenta-me ainda mais a aflição ao perceber que sou um blefe não somente como médium, mas como ser humano. Querido benfeitor, o que faço com tanta dor?

— Faça o que vem fazendo. Siga um dia após o outro, realizando, da melhor forma possível, o seu intenso desejo de avançar e de absorver a claridade do amor divino em sua alma.

— Mas e essa aflição? Como contornar esse assédio diário de um ser que já não sei se é de fora ou de dentro de mim mesmo? Atormentando-me os pensamentos e intoxicando meus sentimentos com a destruidora sensação de falsidade? Como se eu fosse um impostor ou um mistificador da mediunidade!?

— Todo aquele que serve à luz espiritual do bem, meu filho, é o primeiro a enxergar em si os efeitos de um passado desastroso nos profundos porões da mente, experimentando os dolorosos registros de ilusão e hipocrisia.

— Hipocrisia, essa palavra me cai bem, Alípio. Sou uma fraude, um enganador. Mais uma razão para abandonar o serviço. Se conseguir ser alguém melhor, talvez acredite mais em mim e em minha produção mediúnica. Hoje, ser médium é muito pesado.

— Não posso deixar de concordar com você que a mediunidade é um espelho muito límpido, no qual os servidores que a possuem são, literalmente, obrigados a olhar com clareza e fidelidade incomparável para si próprios. Isso dói, é verdade. Todavia, é também um remédio curativo e libertador.

O segredo está em aceitar sua própria personalidade sombria, acolhê-la com tamanha aceitação e amorosidade, que ela passará a se diluir ao clarão desse raio emocional, deixando de ter tão intensa manifestação.

De fato, se pensarmos bem, renascemos na matéria e somos colocados frente a frente com nosso passado de quedas. Só mesmo quem não deseja avançar não sente as dores do nascimento de um novo ser. Quem não deseja avançar, por total incoerência com seus impulsos de melhoria, acomoda-se nas velhas fantasias ilusórias e tomba novamente nos círculos viciosos da repetição e do fracasso.

O seu incômodo com o assunto retrata sua honestidade e o límpido interesse em ser alguém mais autêntico e equilibrado.

— Essa palavra ilusão me atordoa!

— Compreensível! Por conta de tantos enganos, passamos por essas aflições, meu caro.

— A única coisa que queria era trabalhar em paz. Tem sido muito custoso preparar, estudar e manter as atividades espirituais.

— Então, persista. Um dia, quando sua alma conseguir se limpar desse fermento velho, começará a sentir, de forma mais plena, a paz que deseja, pois: *Não sabeis que um pouco de fermento leveda a massa toda? Expurgai o fermento velho, para que sejais massa nova, assim como sois sem fermento*[62].

O pouco que você pode oferecer será o suficiente, no tempo certo, para organizar novos e mais pacíficos caminhos. Evite se cobrar mais do que pode oferecer. Isso traz desânimo e exaustão, mas não caia no comodismo.

— Terei forças para tanto, meu querido amigo? Sinto-me frágil, incapaz e exausto.

— Frágil, incapaz e exausto! São as definições mais precisas da ferida que você está curando: a da fragilidade.

A ferida do desvalor pessoal. Que leva não só os médiuns aos despenhadeiros da sensação de vazio interior, mas todos que trilharam os caminhos da sede de poder e domínio.

A prova da sensação de não possuir a si próprio, de sentir falta de si.

---

62 1 Coríntios 5:7

— Exatamente como me sinto, Alípio. Hoje, então, você certamente presenciou as críticas severas que recebi no grupo a respeito de um texto recebido por psicografia. Foi o fim para mim. Não sei se terei mais forças para continuar.

— Por que não receber as críticas com humildade, querido irmão? Você mesmo afirma que é um aprendiz; portanto, por que não se portar como tal?

— É verdade. Reconheço. Ainda assim, algo dentro de mim sugere que o caminho não é esse. Com que objetivo vou me curvar a críticas tão ásperas e que nem sei se procedem?

— Ainda que não procedam, não seria mais leve ouvi-las na condição de aluno?

— E se eu tiver questionamentos às críticas?

— Exponha com cordialidade, com despretensão. Sem querer convencer. Tenha lealdade interior.

— Além do desânimo, agora estou com raiva dos amigos. Não sei se darei conta.

— Claro que não, ou talvez não queira. O que mais importa é verificar seu grau de abertura para ouvir as razões das críticas. Caso não tenham fundamento, argumente. E, caso tenham, acolha com respeito e siga.

— Não sei fazer isso.

— Claro que não, repito. Está passando por tudo isso para aprender.

— Parece que minha mente se revolta com isso. São mais de dez anos da minha vida dedicados à mediunidade, e parece que nada avancei. Parece que de nada vale a experiência do tempo.

— Em assuntos de mediunidade, meu filho, para se falar em algum grau de autoridade e consistência espiritual da parte de um médium, não pensemos em menos de meio século de serviço ativo e persistente.

— Ave Maria! Até lá terei que ficar suportando tudo isso? Toda essa dor interna?

— Não foi o que desejei expressar. As décadas são muito valorosas, como se fossem degraus. A cada degrau que se sobe, mais equilíbrio interno e tranquilidade no exercício mediúnico o médium vai adquirindo.

Isso, na maioria dos casos, é suficiente para trazer um certo sossego e certeza da direção em que se encontra ou certeza da direção a seguir.

— Que palavras abençoadas: sossego e certeza da direção. Tudo o que gostaria de sentir. Sinto-me sem sossego, inquieto e sem rumo ou, para ser mais exato, com uma instabilidade que me mata por dentro.

Fora do corpo, como estou agora, parece que aumenta ainda mais minha sensação de vazio, de não saber quem sou. Apavora-me pensar que, daqui a pouco, terei que regressar à matéria. Quando você me chama de Artur, é como se, no íntimo, viesse uma pergunta: Artur sou eu? É meu nome? Aqui, fora da matéria, esses dramas emocionais se intensificam.

— Compreendo. Realmente, esse quadro você já traz mesmo antes do renascimento carnal. Não é surpresa que se agrave ao afastar do corpo pelo sono. Sua realidade é mais plena estando aqui, de onde partiu para ingressar na jornada redentora da reencarnação.

Essa é a razão de o trazermos com certa frequência para os passes refazentes no seu centro coronário, que ajusta seu campo mental do inconsciente.

Um alívio contínuo, até que faça suas próprias conquistas libertadoras.

— Por vezes, imagino que não vou conseguir. É só isso!

— Nutra a alegria de servir sem pensar nesse dia, Artur. Se olhar para trás, verá que o avanço foi enorme. Acolha sua ferida de fragilidade, a sua dor de falsidade. Diga que aceita a personalidade que dominou seu mundo mental em outros tempos. Evite brigar com o que você era, para que alcance o que gostaria de ser.

— Isso alivia minha alma, querido benfeitor. Mas parece que não tenho saída!

— Todos nós temos uma saída. Porém, a melhor saída é progredir e vencer as sombras que nós mesmos criamos. Volte reconfortado e esperançoso ao corpo. Dias melhores se aproximam. Se deseja que cheguem mais rápido, aceite sua vulnerabilidade, reconheça suas limitações e, confiante, dê valor no pouco que pode fazer.

Aprenda a gostar de você como é. Faça as pazes com suas imperfeições. Caminhe sem esperar a consideração alheia. Dê o seu melhor. Mas, acima de tudo, olhe para você como uma pessoa comum. Os médiuns não são especiais, ao contrário, renascem médiuns para curarem velhas doenças da alma.

Afaste-se de tudo o que estimule sua vaidade na direção do ego. Tenha uma atitude sadia a ponto de manter sua estima pessoal. Aprecie o fato de ser um enfermo em busca de sua própria alta no hospital da reencarnação.

Goste de você, mesmo identificando os tropeços e os impulsos sombrios de falsidade.

Esses impulsos são indicadores de que você está mergulhando no poço profundo das suas fantasias de outras vidas, nas quais utilizou o fermento velho que agora está expurgando.

Prossiga confiante. Ainda nessa mesma vida carnal, colherá frutos de brandura e paz interior que jamais sentiu em todas as últimas existências físicas.

Regresse ao corpo abençoado pela luz do Cristo, que irradia a força da bondade e da misericórdia em favor de todos nós; que recomeçamos os caminhos espirituais na direção da iluminação redentora.

32

> O caminho para a brandura e a serenidade

"Pelo que sinto prazer nas fraquezas, nas injúrias, nas necessidades, nas perseguições, nas angústias por amor de Cristo. Porque quando estou fraco, então é que sou forte."

II Coríntios, 12:10

A agressividade, não na expressão da violência, mas sim de assertividade, é uma das expressões da emoção da raiva. Uma força necessária e útil, considerando sua natureza propulsora de coragem, determinação e otimismo.

O impulso agressivo obedece a um sistema de defesa humano contra a acomodação, a fuga, o desânimo e a desmotivação.

Enquanto energia da alma, esse impulso pode fazer bem. Muitos, porém, não conseguem usá-lo para esse objetivo, e, quando se torna um comportamento inadequado, ele alcança o nível de irritação, descontrole e ódio.

Quando a energia da agressividade é direcionada para comportamentos rudes, cria os mais diversos problemas na convivência.

A cultura social construiu um conceito de agressividade como sinônimo de pessoas fortes. Inspirados nessa concepção, os comportamentos agressivos são adotados como qualidades de pessoas vitoriosas e vencedoras. A sutilidade entre triunfo e hostilidade, competência e arrogância, sinceridade e brutalidade tem levado a condutas ofensivas e de efeitos muito prejudiciais.

Esse conceito de 'pessoas fortes', aquelas que não demonstram medo, que estão sempre bem e de cabeça erguida, que não erram e não fraquejam, é uma máscara da ferida da fragilidade.

Escondida em todo esse cenário emocional, a dor da sua insignificância usa a máscara da grandeza para se ocultar.

Fazermo-nos de fortes, deixarmos de tomar contato com nossos reais limites, encenarmos, para os outros, uma pessoa que não somos, pode levar a muitas dores psíquicas. Aliás, essa é uma fonte muito frequente de ansiedade e tristeza.

Mapear terapeuticamente nossa fragilidade e criar uma relação sadia com nosso lado ainda incapaz e imperfeito é uma verdadeira fonte de força e serenidade.

Quanto mais agressivo o comportamento, mais indícios de desalinho emocional e psicológico. Sinceridade demais não é virtude. É desejo de se impor por meio da hostilidade. Sucesso demais à mostra não é conquista. É purpurina para esconder o mal-estar da infelicidade em ser quem é. Excesso de atributos de competência não é garantia de capacidade. É uma forma de não olhar para os defeitos ocultos que solicitam mudança, por trás dos devaneios de poder.

Porque quando estou fraco, então é que sou forte[63]. Admitir-se frágil, reconhecer limites, expressar com naturalidade sua inabilidade, enfim, ser quem você é sem temor do que vão lhe cobrar ou censurar, é uma das mais sólidas manifestações de força.

Quem faz contato com a própria fragilidade alcança serenidade, não tem desgastes energéticos excessivos para manter uma imagem falsa, que é uma das fissuras por onde penetram as sombras espirituais da mentira, do engano e da ilusão. Por consequência, torna-se mais sereno, mais coerente e rico de brandura. Os médiuns, especialmente, terão benefícios vivendo com esse verdadeiro escudo de equilíbrio e paz interior.

Quanto mais dentro da realidade, mais protegidos estaremos diante dos vigorosos ataques da maldade e da desorientação mental.

---

63 2 Coríntios 12:10

Ficha Técnica

Título

Mediunidade - a cura da ferida da fragilidade

Autoria

Espírito Ermance Dufaux psicografado por Wanderley Oliveira

Edição

1ª

ISBN

978-65-87210-24-7

Capa e Diagramação

César Oliveira

Revisão Editorial

Maria José da Costa

Coordenação e preparação de originais

Ednei Procópio e Irene Stubber

Revisão ortográfica e gramatical

Mariana Frungilo

Composição

Adobe Indesign CS6 (plataforma Mac)

Páginas

222

Tamanho

Miolo 16x 23 cm
Capa 16 x 23 cm com orelhas de 9 cm

Tipografia

Texto principal: Cambria 13pt
Título: Andecha + Angelface
Notas de rodapé: Cambria 9pt

Margens

17 mm: 25 mm: 28 mm: 20 mm
(superior:inferior:interna;externa)

Mancha

107 mm

Papel

Miolo Polen Soft 80g/m2
Capa papel Cartáo Supreme 250g/m2

Cores

Miolo: Black (K)
Capa em 4 x 0 cores CMYK

Impressão

AtualDV

Acabamento

Brochura, cadernos de 32 pp Costurados
Capa com orelhas laminação BOPP fosca

Tiragem

2.000 exemplares

Produção

Março / 2022

Nossas Publicações

SÉRIE REFLEXÕES DIÁRIAS

PARA SENTIR DEUS

Nos momentos atuais da humanidade sentimos extrema necessidade da presença de Deus. Ermance Dufaux resgata, para cada um, múltiplas formas de contato com Ele, de como senti-Lo em nossas vidas, nas circunstâncias que nos cercam e nos semelhantes que dividem conosco a jornada reencarnatória. Ver, ouvir e sentir Deus em tudo e em todos.

Wanderley Oliveira | Ermance Dufaux
11 x 15,5 cm | 133 páginas

LIÇÕES PARA O AUTOAMOR

Mensagens de estímulo na conquista do perdão, da aceitação e do amor a si mesmo. Um convite à maravilhosa jornada do autoconhecimento que nos conduzirá a tomar posse de nossa herança divina.

Wanderley Oliveira | Ermance Dufaux
11 x 15,5 cm | 128 páginas

RECEITAS PARA A ALMA

Mensagens de conforto e esperança, com pequenos lembretes sobre a aplicação do Evangelho para o dia a dia. Um conjunto de propostas que se constituem em verdadeiros remédios para nossas almas.

Wanderley Oliveira | Ermance Dufaux
11 x 15,5 cm | 146 páginas

 ## SÉRIE CULTO NO LAR

VIBRAÇÕES DE PAZ EM FAMÍLIA

Quando a família se reúne para orar, ou mesmo um de seus componetes, o ambiente do lar melhora muito. As preces são emissões poderosas de energia que promovem a iluminação interior. A oração em família traz paz e fortalece, protege e ampara a cada um que se prepara para a jornada terrena rumo à superação de todos os desafios.

Wanderley Oliveira | Ermance Dufaux
16 x 23 cm | 212 páginas

JESUS - A INSPIRAÇÃO DAS RELAÇÕES LUMINOSAS

Após o sucesso de "Emoções que curam", o espírito Ermance Dufaux retorna com um novo livro baseado nos ensinamentos do Cristo, destacando que o autoamor é a garantia mais sólida para a construção de relacionamentos luminosos.

Wanderley Oliveira | Ermance Dufaux
16 x 23 cm | 304 páginas

REGENERAÇÃO - EM HARMONIA COM O PAI

Nos dias em que a Terra passa por transformações fundamentais, ampliando suas condições na direção de se tornar um mundo regenerado, é necessário desenvolvermos uma harmonia inabalável para aproveitar as lições que esses dias nos proporcionam por meio das nossas decisões e das nossas escolhas, [...].

Samuel Gomes | Diversos Espíritos
14 x 21 cm | 223 páginas

AMOROSIDADE - A CURA DA FERIDA DO ABANDONO

Uma das mais conhecidas prisões emocionais na atualidade é a dor do abandono, a sensação de desamparo. Essa lesão na alma responde por larga soma de aflições em todos os continentes do mundo. Não há quem não esteja carente de ser protegido e acolhido, amado e incentivado nas lutas de cada dia.

Wanderley Oliveira | Ermance Dufaux
16 x 23 cm | 300 páginas

TRILOGIA DESAFIOS DA CONVIVÊNCIA

QUEM SABE PODE MUITO. QUEM AMA PODE MAIS

A lição central desta obra é mostrar que o conhecimento nem sempre é suficiente para garantir a presença do amor nas relações. "Estar informado é a primeira etapa. Ser transformado é a etapa da maioridade." - Eurípedes Barsanulfo.

Wanderley Oliveira | José Mário
16 x 23 cm | 312 páginas

QUEM PERDOA LIBERTA - ROMPER OS FIOS DA MÁGOA ATRAVÉS DA MISERICÓRDIA

Continuação do livro "QUEM SABE PODE MUITO. QUEM AMA PODE MAIS" dando sequência à trilogia "Desafios da Convivência".

Wanderley Oliveira | José Mário
16 x 23 cm | 320 páginas

SERVIDORES DA LUZ NA TRANSIÇÃO PLANETÁRIA

Nesta obra recebemos o convite para nos integrar nas fileiras dos Servidores da Luz, atuando de forma consciente diante dos desafios da transição planetária. Brilhante fechamento da trilogia.

Wanderley Oliveira | José Mário
14x21 cm | 298 páginas

 SÉRIE **HARMONIA INTERIOR**

LAÇOS DE AFETO - CAMINHOS DO AMOR NA CONVIVÊNCIA

Uma abordagem sobre a importância do afeto em nossos relacionamentos para o crescimento espiritual. São textos baseados no dia a dia de nossas experiências. Um estímulo ao aprendizado mais proveitoso e harmonioso na convivência humana.

Wanderley Oliveira | Ermance Dufaux
16 x 23 cm | 312 páginas

 ESPANHOL

MEREÇA SER FELIZ - SUPERANDO AS ILUSÕES DO ORGULHO

Um estudo psicológico sobre o orgulho e sua influência em nossa caminhada espiritual. Ermance Dufaux considera essa doença moral como um dos mais fortes obstáculos à nossa felicidade, porque nos leva à ilusão.

Wanderley Oliveira | Ermance Dufaux
16 x 23 cm | 296 páginas

 ESPANHOL

TERAPIAS DO ESPÍRITO

Integra saberes espirituais e terapias integrais em uma abordagem inovadora que promove o autoconhecimento, o reequilíbrio energético e a cura integral do Ser.

Dalton Eloy | 16 x 23 cm | 290 páginas

REFORMA ÍNTIMA SEM MARTÍRIO - AUTOTRANSFORMAÇÃO COM LEVEZA E ESPERANÇA

As ações em favor do aperfeiçoamento espiritual dependem de uma relação pacífica com nossas imperfeições. Como gerenciar a vida íntima sem adicionar o sofrimento e sem entrar em conflito consigo mesmo?

Wanderley Oliveira | Ermance Dufaux
16 x 23 cm | 288 páginas

ESCUTANDO SENTIMENTOS - A ATITUDE DE AMAR-NOS COMO MERECEMOS

Ermance afirma que temos dado passos importantes no amor ao próximo, mas nem sempre sabemos como cuidar de nós, tratando-nos com culpas, medos e outros sentimentos que não colaboram para nossa felicidade.

Wanderley Oliveira | Ermance Dufaux
16 x 23 cm | 256 páginas

PRAZER DE VIVER - CONQUISTA DE QUEM CULTIVA A FÉ E A ESPERANÇA

Neste livro, Ermance Dufaux, com seus ensinos, nos auxilia a pensar caminhos para alcançar nossas metas existenciais, a fim de que as nossas reencarnações sejam melhor vividas e aproveitadas.

Wanderley Oliveira | Ermance Dufaux
16 x 23 cm | 248 páginas

DIFERENÇAS NÃO SÃO DEFEITOS - A RIQUEZA DA DIVERSIDADE NAS RELAÇÕES HUMANAS

Ninguém será exatamente como gostaríamos que fosse. Quando aprendemos a conviver bem com os diferentes e suas diferenças, a vida fica bem mais leve. Aprenda esse grande SEGREDO e conquiste sua liberdade pessoal.

Wanderley Oliveira | Ermance Dufaux
16 x 22,5 cm | 248 páginas

EMOÇÕES QUE CURAM - CULPA, RAIVA E MEDO COMO FORÇAS DE LIBERTAÇÃO

Um convite para aceitarmos as emoções como forma terapêutica de viver, sintonizando o pensamento com a realidade e com o desenvolvimento da autoaceitação.

Wanderley Oliveira | Ermance Dufaux
16 x 23 cm | 272 páginas

 SÉRIE **AUTOCONHECIMENTO**

QUAL A MEDIDA DO SEU AMOR?

Propõe revermos nossa forma de amar, pois estamos mais próximos de uma visão particularista do que de uma vivência autêntica desse sentimento. Superar limites, cultivar relações saudáveis e vencer barreiras emocionais são alguns dos exercícios na construção desse novo olhar.

Wanderley Oliveira | Ermance Dufaux
16 x 23 cm | 208 páginas

APAIXONE-SE POR VOCÊ

Você já ouviu alguém dizer para outra pessoa: "minha vida é você"?
Enquanto o eixo de sua sustentação psicológica for outra pessoa, a sua vida estará sempre ameaçada, pois o medo da perda vai rondar seus passos a cada minuto.

Wanderley Oliveira
16 x 23 cm | 152 páginas

DESCOMPLIQUE, SEJA LEVE

Um livro de mensagens para apoiar sua caminhada na aquisição de uma vida mais suave e rica de alegrias na convivência.

Wanderley Oliveira
16 x 23 cm | 238 páginas

A VERDADE ALÉM DAS APARÊNCIAS - O UNIVERSO INTERIOR

Liberte-se da ansiedade e da angústia, direcionando o seu espírito para o único tempo que realmente importa: o presente. Nele você pode construir um novo olhar, amplo e consciente, que levará você a enxergar a verdade além das aparências.

Samuel Gomes
14 x 21 cm | 272 páginas

7 CAMINHOS PARA O AUTOAMOR

O tema central dessa obra é o autoamor que, na concepção dos educadores espirituais, tem na autoestima o campo elementar para seu desenvolvimento. O autoamor é algo inato, herança divina, enquanto a autoestima é o serviço laborioso e paciente de resgatar essa força interior, ao longo do caminho de volta à casa do Pai.

Wanderley Oliveira | Pai João de Angola
16 x 23 cm | 272 páginas

FALA, PRETO VELHO

Um roteiro de autoproteção energética através do autoamor. Os textos aqui desenvolvidos permitem construir nossa proteção interior por meio de condutas amorosas e posturas mentais positivas, para criação de um ambiente energético protetor ao redor de nossas vidas.

Wanderley Oliveira | Pai João de Angola
16 x 23 cm | 291 páginas

DEPRESSÃO E AUTOCONHECIMENTO - COMO EXTRAIR PRECIOSAS LIÇÕES DESSA DOR

A proposta de tratamento complementar da depressão aqui abordada tem como foco a educação para lidar com nossa dor, que muito antes de ser mental, é moral.

Wanderley Oliveira
16 x 23 cm | 235 páginas

A REDENÇÃO DE UM EXILADO

A obra traz informações sobre a formação da civilização, nos primórdios da Terra, que contou com a ajuda do exílio de milhões de espíritos mandados para cá para conquistar sua recuperação moral e auxiliar no desenvolvimento das raças e da civilização. É uma narrativa do Apóstolo Lucas, que foi um desses enviados, e que venceu suas dificuldades íntimas para seguir no trabalho orientado pelo Cristo.

Samuel Gomes | Lucas
16 x 23 cm | 368 páginas

CONECTE-SE A VOCÊ - O ENCONTRO DE UMA NOVA MENTALIDADE QUE TRANSFORMARÁ A SUA VIDA

Este livro vai te estimular na busca de quem você é verdadeiramente. Com leitura de fácil assimilação, ele é uma viagem a um país desconhecido que, pouco a pouco, revela características e peculiaridades que o ajudarão a encontrar novos caminhos. Para esta viagem, você deve estar conectado a sua essência. A partir daí, tudo que você fizer o levará ao encontro do propósito que Deus estabeleceu para sua vida espiritual.

Rodrigo Ferretti
16 x 23 cm | 256 páginas

 ## TRILOGIA REGENERAÇÃO

FUTURO ESPIRITUAL DA TERRA

As necessidades, as estruturas perispirituais e neuropsíquicas, o trabalho, o tempo, as características sociais e os próprios recursos de natureza material se tornarão bem mais sutis. O futuro já está em construção e André Luiz, através da psicografia de Samuel Gomes, conta como será o Futuro Espiritual da Terra.

Samuel Gomes | André Luiz
16 x 23 cm | 344 páginas

XEQUE-MATE NAS SOMBRAS - A VITÓRIA DA LUZ

André Luiz traz notícias das atividades que as colônias espirituais, ao redor da Terra, estão realizando para resgatar os espíritos que se encontram perdidos nas trevas e conduzi-los a passar por um filtro de valores, seja para receberem recursos visando a melhorar suas qualidades morais – se tiverem condições de continuar no orbe – seja para encaminhá-los ao degredo planetário.

Samuel Gomes | André Luiz
16 x 23 cm | 212 páginas

A DECISÃO - CRISTOS PLANETÁRIOS DEFINEM O FUTURO ESPIRITUAL DA TERRA

"Os Cristos Planetários do Sistema Solar e de outros sistemas se encontram para decidir sobre o futuro da Terra na sua fase de regeneração. Numa reunião que pode ser considerada, na atualidade, uma das mais importantes para a humanidade terrestre, Jesus faz um pronunciamento direto sobre as diretrizes estabelecidas por Ele para este período."

Samuel Gomes | André Luiz e Chico Xavier
16 x 23 cm | 210 páginas

ESTUDOS DOUTRINÁRIOS

ATITUDE DE AMOR

Opúsculo contendo a palestra "Atitude de Amor" de Bezerra de Menezes, o debate com Eurípedes Barsanulfo sobre o período da maioridade do Espiritismo e as orientações sobre o "movimento atitude de amor". Por uma efetiva renovação pela educação moral.

Wanderley Oliveira | Ermance Dufaux e Cícero Pereira
14 x 21 cm | 94 páginas

SEARA BENDITA

Um convite à reflexão sobre a urgência de novas posturas e conceitos. As mudanças a adotar em favor da construção de um movimento social capaz de cooperar com eficácia na espiritualização da humanidade.

Wanderley Oliveira e Maria José Costa | Diversos Espíritos
14 x 21 cm | 284 páginas

Gratuito em nosso site, somente em:

NOTÍCIAS DE CHICO

"Nesta obra, Chico Xavier afirma com seu otimismo natural que a Terra caminha para uma regeneração de acordo com os projetos de Jesus, a caracterizar-se pela tolerância humana recíproca e que precisamos fazer a nossa parte no concerto projetado pelo Orientador Maior, principalmente porque ainda não assumimos responsabilidades mais expressivas na sustentação das propostas elevadas que dizem respeito ao futuro do nosso planeta."

Samuel Gomes | Chico Xavier
16 x 23 cm | 181 páginas

EVANGELHO SEGUNDO O ESPIRITISMO

Explicação dos ensinos morais de Jesus à luz do Espiritismo, com comentários e instruções dos espíritos para aplicação prática nas experiências do dia a dia.

Allan Kardec | Espírito da Verdade
16 x 23 cm | 416 páginas

MEDICAÇÕES ESPIRITUAIS

Um convite à cura da alma por meio do autoconhecimento, da espiritualidade e da vocação. Reflexões profundas sobre o propósito da vida e a transformação interior.

Luis Petraca | Espírito Frei Fabiano de Cristo
16 x 23 cm | 252 páginas

ROMANCES MEDIÚNICOS

OS DRAGÕES - O DIAMANTE NO LODO NÃO DEIXA DE SER DIAMANTE

Um relato leve e comovente sobre nossos vínculos com os grupos de espíritos que integram as organizações do mal no submundo astral.

Wanderley Oliveira | Maria Modesto Cravo
16 x 23cm | 522 páginas

LÍRIOS DE ESPERANÇA

Ermance Dufaux alerta os espíritas e lidadores do bem de um modo geral, para as responsabilidades urgentes da renovação interior e da prática do amor neste momento de transição evolutiva, através de novos modelos de relação, como orientam os benfeitores espirituais.

Wanderley Oliveira | Ermance Dufaux
16 x 23 cm | 508 páginas

AMOR ALÉM DE TUDO

Regras para seguir e rótulos para sustentar. Até quando viveremos sob o peso dessas ilusões? Nessa obra reveladora, Dr. Inácio Ferreira nos convida a conhecer a verdade acima das aparências. Um novo caminho para aqueles que buscam respeito às diferenças e o AMOR ALÉM DE TUDO.

Wanderley Oliveira | Inácio Ferreira
16 x 23 cm | 252 páginas

ABRAÇO DE PAI JOÃO

Pai João de Angola retorna com conceitos simples e práticos, sobre os problemas gerados pela carência afetiva. Um romance com casos repletos de lutas, desafios e superações. Esperança para que permaneçamos no processo de resgate das potências divinas de nosso espírito.

Wanderley Oliveira | Pai João de Angola
16 x 23 cm | 224 páginas

UM ENCONTRO COM PAI JOÃO

A obra também fala do valor de uma terapia, da necessidade do autoconhecimento, dos tipos de casamentos programados antes do reencarne, dos processos obsessivos de variados graus e do amparo de Deus para nossas vidas por meio dos amigos espirituais e seus trabalhadores encarnados. Narra também em detalhes a dinâmica das atividades socorristas do centro espírita.

Wanderley Oliveira | Pai João de Angola
16 x 23 cm | 220 páginas

O LADO OCULTO DA TRANSIÇÃO PLANETÁRIA

O espírito Maria Modesto Cravo aborda os bastidores da transição planetária com casos conectados ao astral da Terra.

Wanderley Oliveira | Maria Modesto Cravo
16 x 23 cm | 288 páginas

PERDÃO - A CHAVE PARA A LIBERDADE

Neste romance revelador, conhecemos Onofre, um pai que enfrenta a perda de seu único filho com apenas oito anos de idade. Diante do luto e diversas frustrações, um processo desafiador de autoconhecimento o convida a enxergar a vida com um novo olhar. Será essa a chave para a sua libertação?

Adriana Machado | Ezequiel
14 x 21 cm | 288 páginas

1/3 DA VIDA - ENQUANTO O CORPO DORME A ALMA DESPERTA

A atividade noturna fora da matéria representa um terço da vida no corpo físico, e é considerada por nós como o período mais rico em espiritualidade, oportunidade e esperança.

Wanderley Oliveira | Ermance Dufaux
16 x 23 cm | 279 páginas

NEM TUDO É CARMA, MAS TUDO É ESCOLHA

Somos todos agentes ativos das experiências que vivenciamos e não há injustiças ou acasos em cada um dos aprendizados.

Adriana Machado | Ezequiel
16 x 23 cm | 536 páginas

REENCONTRO DE ALMAS

Entre encontros espirituais e reencontros marcados pelo amor, o romance revela as escolhas, renúncias e resgates de almas destinadas a se encontrarem novamente através dos séculos.

Alcir Tonoli | Espírito Milena
16 x 23 cm | 280 páginas

RETRATOS DA VIDA - AS CONSEQUÊNCIAS DO DESCOMPROMETIMENTO AFETIVO

Túlio costumava abstrair-se da realidade, sempre se imaginando pintando um quadro; mais especificamente pintando o rosto de uma mulher. Vivendo com Dora um casamento já frio e distante, uma terrível e insuportável dor se abate sobre sua vida. A dor era tanta que Túlio precisou buscar dentro de sua alma uma resposta para todas as suas angústias. A partir de lembranças se desenrola a história de Túlio através de suas experiências reencarnatórias.

Clotilde Fascioni
16 x 23 cm | 175 páginas

O PREÇO DE UM PERDÃO - AS VIDAS DE DANIEL

Daniel se apaixona perdidamente e, por várias vidas, é capaz de fazer qualquer coisa para alcançar o objetivo de concretizar o seu amor. Mas suas atitudes, por mais verdadeiras que sejam, o afastam cada vez mais desse objetivo. É quando a vida o para.

André Figueiredo e Fernanda Sicuro | Espírito Bruno
16 x 23 cm | 333 páginas

ROMANCE JUVENIL

UM JOVEM OBSESSOR - A FORÇA DO AMOR NA REDENÇÃO ESPIRITUAL

Um jovem conta sua história, compartilhando seus problemas após a morte, falando sobre relacionamentos, sexo, drogas e, sobretudo, da força do amor na redenção espiritual.

Adriana Machado | Jefferson
16 x 23 cm | 392 páginas

UM JOVEM MÉDIUM - CORAGEM E SUPERAÇÃO PELA FORÇA DA FÉ

A mediunidade é um canal de acesso às questões de vidas passadas que ainda precisam ser resolvidas. O livro conta a história do jovem Alexandre que, com sua mediunidade, se torna o intermediário entre as histórias de vidas passadas daqueles que o rodeiam tanto no plano físico quanto no plano espiritual.
Surpresos com o dom mediúnico do menino, os pais, de formação Católica, se veem às voltas com as questões espirituais que o filho querido traz para o seio da família.

Adriana Machado | Ezequiel
16 x 23 cm | 365 páginas

RECONSTRUA SUA FAMÍLIA - CONSIDERAÇÕES PARA O PÓS-PANDEMIA

Vivemos dias de definição, onde nada mais será como antes. Necessário redefinir e ampliar o conceito de família. Isso pode evitar muitos conflitos nas interações pessoais. O autoconhecimento seguido de reforma íntima será o único caminho para transformação do ser humano, das famílias, das sociedades e da humanidade.

Dr. Américo Canhoto
16 x 23 cm | 237 páginas

TRILOGIA ESPÍRITOS DO BEM

GUARDIÕES DO CARMA - A MISSÃO DOS EXUS NA TERRA

Pai João de Angola quebra com o preconceito criado em torno dos exus e mostra que a missão deles na Terra vai além do que conhecemos. Na verdade, eles atuam como guardiões do carma, nos ajudando nos principais aspectos de nossas vidas.

Wanderley Oliveira | Pai João de Angola
16 x 23 cm | 288 páginas

GUARDIÃS DO AMOR - A MISSÃO DAS POMBAGIRAS NA TERRA

"São um exemplo de amor incondicional e de grandeza da alma. São mães dos deserdados e angustiados. São educadoras e desenvolvedoras do sagrado feminino, e nesse aspecto são capazes de ampliar, nos homens e nas mulheres, muitas conquistas que abrem portas para um mundo mais humanizado, [...]".

Wanderley Oliveira | Pai João de Angola
16 x 23 cm | 232 páginas

GUARDIÕES DA VERDADE - NADA FICARÁ OCULTO

Neste momento de batalhas decisivas rumo aos tempos da regeneração, esta obra é um alerta que destaca a importância da autenticidade nas relações humanas e da conduta ética como bases para uma forma transparente de viver. A partir de agora, nada ficará oculto, pois a Verdade é o único caminho que aguarda a humanidade para diluir o mal e se estabelecer na realidade que rege o universo.

Wanderley Oliveira | Pai João de Angola
16 x 23 cm | 236 páginas

TRILOGIA CONSCIÊNCIA DESPERTA

SAIA DO CONTROLE - UM DIÁLOGO TERAPÊUTICO E LIBERTADOR ENTRE A MENTE E A CONSCIÊNCIA

Agimos de forma instintiva por não saber observar os pensamentos e emoções que direcionam nossas ações de forma condicionada. Por meio de uma observação atenta e consciente, identificando o domínio da mente em nossas vidas, passamos a viver conscientes das forças internas que nos regem.

Rossano Sobrinho
16 x 23 cm | 264 páginas

LIBERTE-SE DA SUA MENTE

Um guia de autoconhecimento e meditações que conduz o leitor à superação de padrões mentais e emocionais, promovendo equilíbrio, paz interior e despertar espiritual.

Rossano Sobrinho
16 x 23 cm | 218 páginas

SÉRIE FAMÍLIA E ESPIRITUALIDADE

ESCOLHA VIVER

Relatos reais de espíritos que enfrentaram o suicídio e encontraram no amor, na espiritualidade e na esperança um novo caminho para seguir e reconstruir suas jornadas.

Wanderley Oliveira | Espírito Ebert Morales
16 x 23 cm | 188 páginas

LIVROS QUE TRANSFORMAM VIDAS!

Acompanhe nossas redes sociais

(lançamentos, conteúdos e promoções)

◉ @editoradufaux

❋ facebook.com/EditoraDufaux

▶ youtube.com/user/EditoraDufaux

Conheça nosso catálogo e mais sobre nossa editora. Acesse os nossos sites

Loja Virtual

⊕ www.dufaux.com.br

eBooks, conteúdos gratuitos e muito mais

⊕ www.editoradufaux.com.br

Entre em contato com a gente.
Use os nossos canais de atendimento

◉ (31) 99193-2230

✆ (31) 3347-1531

⊕ www.dufaux.com.br/contato

✉ sac@editoradufaux.com.br

📍 Rua Contria, 759 | Alto Barroca | CEP 30431-028 | Belo Horizonte | MG